暴走する検察

歪んだ正義と日本の劣化

JN038583

郷原信郎
市川 寛
安田好弘
周防正行
足立昌勝
今村 核
神保哲生
宮台真司

暴走する検察　歪んだ正義と日本の劣化

目次

第六章　日本が人質司法をやめられない理由——

弁護士　今村　核

変わらぬ日本の司法／冤罪はこうして作られる／人はなぜ、嘘の自白をするのか／加速度的に進む劣化／「他者負罪型」司法取引の罠

本文デザイン／石塚健太郎
編集協力／藤山和久、河村信
図版制作／株式会社キンダイ

まえがきに代えて
【対談】黒川問題から見る検察の正体（神保哲生・宮台真司）

神保――本書はニュース専門インターネット放送局「ビデオニュース・ドットコム」のニュース討論番組「マル激トーク・オン・ディマンド」の過去の番組の中から、検察や刑事司法に関連したテーマを扱った回の番組内容を書き起こしたものに加筆・修正を加え、書籍化したものです。「マル激トーク・オン・ディマンド」はビデオジャーナリストの神保哲生と社会学者の宮台真司が司会を務めるインターネット初のニュース討論番組で、毎週一回、その時々の重要なニュースに関連したテーマについて当事者やその分野に詳しい識者をスタジオに招き、一時間半から二時間にわたり、そのテーマを徹底的に掘り下げています。

二〇〇一年四月に第一回目の番組を放送した同番組は、この六月で第一〇〇〇回目の放送を迎えました。

これまでマル激では和歌山毒入りカレー事件や美濃加茂市長贈収賄事件、本庄保険金殺人事件など、すでに判決が確定している事件を冤罪の可能性がある事件として取り上げてきました。

それは現在の日本の司法、とりわけ検察が抱えるさまざまな制度上の問題を念頭に置くと、容易に冤罪が作り出されてしまう可能性があるという認識に基づいています。

ここにきてカルロス・ゴーン氏の逮捕とそれに続く国外脱出によって、日本の人質司法の実態があらためて世界中に知られることとなり、さらに黒川弘務東京高検検事長の定年延長問題や検察庁法の改正問題で、日本国内でもあらためて検察の存在に注目が集まりました。それにしても検事総長になろうかという人が賭けマージャンで辞任したかと思えば、現役の政治家、しかもついこの間まで法務大臣を務めていた政治家が夫婦揃って逮捕されるというのは、かなり異常なことですね。

宮台――これまで近代国家における法や正義といった問題をないがしろにしてきたツケが、コロナ禍での緊急事態をめぐる迷走ぶりにも、はっきり表れています。

神保――そこでこの度、これまで法と正義について考えた番組の内容を一冊の本にまとめることになりました。一見、迂遠《うえん》に見えますが、すでに始まっているポストコロナの新しい日常を生きる私たちが、何を変え、また、何を変えてはいけないかを考える上でも重要な論点だと考えたからです。

さて、宮台さん。現段階で、黒川氏の問題と検察庁法改正問題をまとめると、どういうことになりますか。

宮台――まず、「検察暴走問題」が「内閣暴走問題」に拡大したことです。田中角栄・ロッキード事件に見られるように、検察は場合によっては総理大臣をも逮捕できるということで、これまで他に対する威信とプライドを保ってきました。それが、内閣が検察トップの人事権を掌握することで、政権に隷属するしかないような新しい体制になるかもしれないという事態になった。まさにそこをめぐって、せめぎあいがありました。その結果、政権側が負けたのですね。

つぎに、黒川弘務が東京高検検事長まで出世した理由です。検察の暴走を止める法律や仕組みを黒川が止めてきたという功績が、検察内で評価されたことが大きい。巷《ちまた》には誤解がありますが、政権に取り入るだけで出世したわけではありません。検察の暴走を止められる枠組みを止める功績が評価されて、検察の内部でも大きな影響力を持つ存在だったのです。加えて、政権に関わる事案をことごとくつぶしてきたので、「つぶしの黒川」として政権側にも重用されたということです。

そのことを考えると、まず、みなさんには、検察は正義だという考え方はやめてもらわなければなりません。だからといって、犯罪者である安倍が首相を務める内閣に検察を操縦できる権能を与えたからといって、その内閣が正義であるはずがない。検察と内閣の、どちらにも正義はありません。しかし、権力の相互牽制をむねとする三権分立を前提とする以上、司法的な機能を果たす検察の人事を、内閣といえども勝手にいじることは許されないのです。

「政治ヤクザ」が「権力ヤクザ」を使役する

神保——弁護士の郷原信郎さんは、検事として黒川さんと同期で、実際に黒川さんと席を並べていたこともあるそうですが、彼は検察のことを「権力ヤクザ」と呼びます。法律を盾にして合法的にヤクザと同じようなことができる人たちが検察・警察です。郷原さんは検察庁法の改正案を「政治ヤクザが権力ヤクザを手足のように使うことを可能にする法改正」と呼んで、これに反対しています。

今回、検察庁法の改正が流れても、検察が権力ヤクザであるという問題は残ります。民主政治の下では検察が暴走しないよう日々監視しておくことは重要です。しかし、だからといって政治ヤクザがそれを政治目的で手足のように使うようになったらもっと危ない。政敵の追い落としや政治権力の濫用を隠蔽する目的で政治が検察を使い始めたら、それこそ悲劇です。

結局、一番の問題は、日本の検察にはあまりにも強大な権力が集中しすぎていることではないでしょうか。特に公訴権を独占する検察は、有罪にできそうな事件だけを起訴することができてしまうので、事実上、裁判所の役割も果たしています。有罪率が九九％を超える日本の刑事裁判は、検察が起訴した段階ですでに一審は終わっていると言っても過言ではありません。

宮台——検察が起訴しない限り、刑事裁判は起こらない。それが公訴権の独占です。なんらかの被害

図表１　有罪・無罪率

有　罪	275,469人	(99.96%)
無　罪	123人	(0.04%)
合　計	275,901人	

出典：犯罪白書（2018）

図表２　起訴・不起訴率

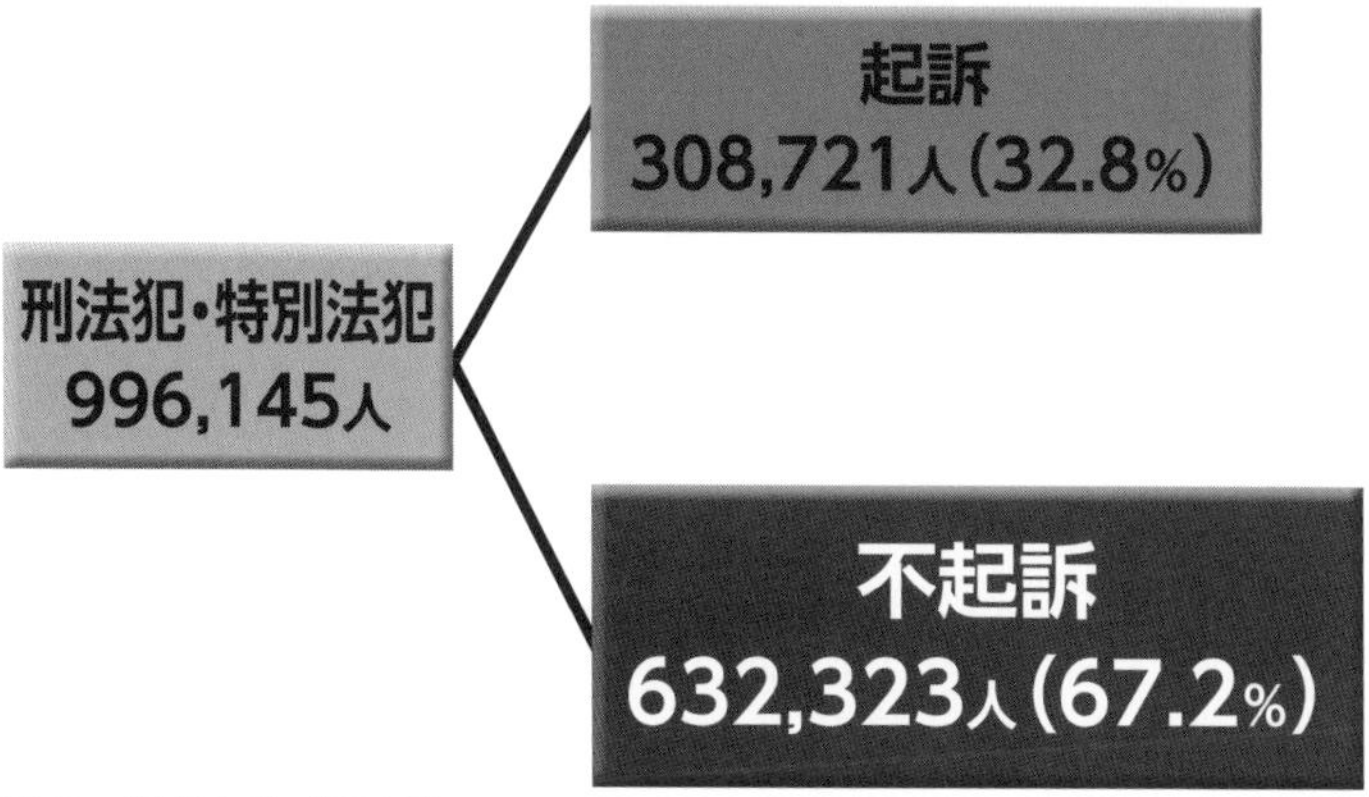

出典：犯罪白書（2018）

を受けた市民が提訴しても、それだけでは裁判にならないということです。

神保――誰かを有罪にするも無罪にするも検察次第というのは、大変な権力です。事実上、有罪か無罪か、国家権力を個人に対して行使するかどうかを決定する権限を検察が握っていることになります。

宮台――しかも、弁護士の立ち会いのない密室の中で、長期間にわたり、起訴前の恣意的な取調べを行うことができるわけです。

神保――司法記者クラブに所属するメディアは、国民の関心の高い事件はできるだけ詳細に報道したい。しかし、捜査情報は一般的な行政情報とは異なり、情報公開法の対象にもなっていないこともあり、彼らは検察から捜査情報をもらわないと仕事にならない。そのため彼らは検察からリークされた情報は裏取りもせずにそのまま書きます。それが検察に対するある種の忠義を果たすことにもなるからです。しかも、その情報が結果的に嘘だったとしても罪になりません。村木厚子さんはあの証拠捏造事件で自分について虚偽のリーク情報を流した検察を相手取り国賠償請求を起こしましたが、弘中惇一郎弁護士がついていながら、最高裁まで争ってもその部分だけは勝てなかった。リークした人やその日時などが特定されていないから本当にリークがあったかどうかは断定できない、というのが判決の理由でした。この判決はメディアがほとんど報じなかったのであまり知られていませんが、検察によるリークが正当化される結果となってしまいました。

宮台――むしろ、リークを報道すればスクープになるので、メディアも検察のケツをなめます。だから、検察は何によっても牽制されない。つまり無敵です。

神保――現在の日本の法体系の下では、一応は内閣が、検察に指揮・監督する権限を持っています。まず法務大臣に指揮権というものが認められているほか、内閣は内閣人事局を通じて人事権という形でも、検察を指揮・監督する機能を担っていることになっています。

宮台――それも、人事権については、法律の建て付けとしては天皇に任免権があるものの、天皇に「この人を任命してください」と具申するという、実質のない形式上の権限にすぎない。検察庁法という特別法が、国家公務員法という一般法を上書きしていて、内閣が検察トップの人事に介入することはできないようになっていたからです。それもまた重要な法律の建て付けで、内閣には実質上の指名権も任免権もありません。

神保――検事総長と次長検事と八人の検事長の一〇人は天皇によって認証を受ける認証官なんですよね。他の役所のトップの事務次官さえ認証官ではないので、どれだけ検察が特別扱いを受けてるかがわかりますね。

「指揮権」については、日常の事務に関して一般の検察官を指揮する一般指揮権と、特定の捜査に関して検事総長を指揮する特別指揮権があります。一般的に「法務大臣の指揮権」という場合は、個々の事件について検事総長を指揮する権限を意味するものを指すと理解されています。

宮台――造船疑獄での指揮権発動で大騒動になったことから、疑獄での逮捕を直前に止めるような明示的な指揮権発動は、以降されなくなっていますが、それはあくまで明示的な指揮権発動です。指揮権は「指揮権を発動します」という宣言とともに行われるとは限らない。それが神保さんが「日常的な介入」とおっしゃったこと。そのもとで、検察の決定を上書きできるはずの検察審査会があるのですが、そこでも調査報告書を捏造《ねつぞう》した田代政弘（元検事）事案がありました。

神保――ということは、市民社会としては検察が暴走しないように、内閣にしっかりとチェックしてもらうしかない。でもその一方で、時の内閣に検察を政治目的のために手足のように使われるのは困る。だとすると、どうやって検察を統制すればいいのでしょうか？

宮台――取調べの全面可視化です。村木厚子さん事件における大阪地検の証拠改ざんという、前田恒彦（元検事）事案をきっかけとした検察改革の流れを止める役割を黒川弘務が担ったことが、検察内で大きく評価されたという一事を見てもわかるとおり、あれは「自由に暴走できること」を誇りとしてきた検察にとっては、死活問題だったということですね。

官僚としての黒川弘務

黒川氏の関与が取り沙汰される事件

（法務省大臣官房長として）
二〇一五年　一月　東電の旧経営陣を不起訴処分
　　　　　　四月　小渕優子衆院議員を不起訴処分
　　　　　　五月　東芝の巨額不正会計の捜査に着手せず
二〇一六年　五月　甘利明・前経済再生担当相を不起訴処分
　　　　　　七月　伊藤詩織さん事件で逮捕状執行せず
（法務事務次官として）
二〇一八年　五月　佐川宣寿・前国税庁長官らを不起訴処分
（東京高検検事長として）
二〇一九年一〇月　菅原一秀経済産業相、違法寄付行為で辞任もその後進展ナシ
　　　　　一一月　「桜を見る会」問題が表面化も捜査はナシ
　　　　　一二月　ＩＲ汚職で秋元司衆院議員を逮捕もその後進展ナシ
二〇二〇年　一月　公職選挙法違反の疑いで広島地検による河井克行・案里夫妻の捜査を止められず6月に逮捕

神保——黒川さんは、安倍政権の守護神のようによく言われますが、その前に検察の守護神でもあり

ました。大阪地検特捜部の不祥事によって、特捜部は解体の危機に瀕していた。少なくとも取調べの全面可視化は避けられない情勢と考えられていたところを、可視化の範囲は最小限にとどめる一方で、それまで限られた事件にしか使えなかった盗聴の権限をほぼ全事件に広め、新たに司法取引も認めさせることに成功しています。しかも、司法取引に際しては、被告人の利益になるような自己負罪型の司法取引は導入されず、他人を陥れることを可能にする「捜査協力型」のみが導入されました。いずれも検察の権限を強化・拡大するもので、絶体絶命の危機的な状況にあった検察にとっては、まさかの焼け太りでした。

宮台――早めに自白しておけば自分の罪が軽くなるという「自己負罪型」ではなく、検察の言う通り調書にサインすればお前の罪は問わないという「捜査協力型」、つまり密告《チクリ》をうながす仕組みということですね。

神保――司法取引先進国のアメリカは、司法取引のほとんどが自己負罪型です。自分の罪を認めれば裁判も略式裁判となり、罪を軽くしてもらえるというもの。そうすることで司法コストを下げることを主たる目的としています。背景には、犯罪が多いアメリカで、すべての刑事事件で裁判をしていたら、裁判所の数も裁判官の数も足りないという事情があります。

宮台――取引しなければ裁判が長期になり、刑罰も重くなるけれど、取引に応じれば罰金ですむ、あるいは刑が大幅に軽くなる、という仕組みですね。

神保――日本で導入されている捜査協力型の司法取引というのは、捜査に協力し他人を起訴したり有罪にすることの手助けをすることによって、自分の刑だけは軽くしてもらえたり、不起訴にしてもらえたりするというものです。嘘の証言で他人を陥れることが可能になるほか、そもそもチクリが奨励される社会が本当に望ましい社会と言えるのかも考えてみる必要があると思います。

宮台――あえて素朴な言い方をさせてもらえば、反倫理的なことを許容・推奨する枠組みなので許すことはできません。しかも、日本の場合は自白偏重主義なので、証拠がなくても、密告があるだけで、有罪になりえます。これでは冤罪のインキュベーター（製造装置）です。

神保――司法取引については、本書の中で詳しく掘り下げてあるので、ここではこれ以上深追いはしませんが、黒川さんの功績はそれだけはありません。二〇年前に中途半端な形で見切り発車する形になっていた盗聴法も、フルスペックなものにアップグレードすることに成功しています。今にして思えば、初めて盗聴法が可決した一九九九年の第一四五回国会で、乱用の防止措置が不十分であるという盗聴法案の問題点を声高に指摘して、対象犯罪を厳しく絞り込ませた野党勢力の努力はそんなに無駄ではなかったことになります。結果的にあの法律は警察や検察にとって、使い勝手が悪いものだったようです。

五章でも議論していますが、参議院の法務委員会で私がＴＢＳの「ＮＥＷＳ23」で制作した盗聴法の問題点を指摘するリポートに対して、国会の場で「報道は明白な誤りを犯し、国民の間に誤解を生じさせるものである」と証言した松尾邦弘刑事局長（当時）が、黒川問題では

「東京高検検事長の定年延長についての元検察官有志による意見書」で、今や正義の味方のような扱いをされているのも感慨深いものがありますね。

宮台——安倍ごときを「フランスの絶対王制を確立し君臨したルイ十四世」になぞらえるのはどうかと思いますが、「中世の亡霊」のくだり、ジョン・ロックの「統治二論」をひいて「法が終わるところ、暴政が始まる」などと書いているのは皮肉ですね、時代が一周して、中世に戻ったのでしょうか。

神保——盗聴法の改正の裏でも、法務次官だった黒川さんが暗躍したと言われています。黒川さんという人は、検察官としてよりも法務官僚として能力を発揮し、政治にうまく食い込んで検察の権益を広げた有能な官僚だったというのが大方の評価のようです。しかし、そうであるがゆえに、反対に政治にも使われてしまったのだと思います。

宮台——所属組織でのポジション取りのために権力に弱い。これは官僚では通常のことです。むしろマックス・ウェーバーに従えば望ましいことです。加えて、希代の有能ぶり。稀にそういう官僚がいます。しかし、「権力に弱く、かつ希代の有能ぶり」が重なると、検察トップにとっても、政治家にとっても、極めて使いやすいコマになります。今後もこういうタイプの人間が官僚として出てきたら、必ず同じことが生じるでしょう。黒川氏個人ではなく、いま申し上げたような「摂理」を、僕たちは肝に銘じておく必要がある。

検察庁法改正法案

《検察庁法改正案第22条》

2　検事総長、次長検事又は検事長に対する国家公務員法第81条の7の規定の適用については、「人事院の承認を得たときに限るもの」とあるのを「内閣の定める場合に限るもの」と、同項第1号及び同条第3項中「人事院規則で」とあるのは「内閣が」と、「人事院の承認を経て」とあるのは「内閣の定めるところにより」とする。

神保――この法案は今国会では廃案になったのであまり深くは踏み込みませんが、今回の検察庁法の改正では、公務員の定年延長を定めた国家公務員法81条の7に「人事院の承認を得る」と書いてあるのを、改正検察庁法では「内閣の定める場合に限る」と書き換えた上で、それをそのまま検察庁法にも適用しようとしました。

宮台――そこで重要なのは、検察庁法は特別法だから、一般法である国家公務員法に優越するという点です。ところが改正法案では、なんと国家公務員法の規定を、検察庁法に、中身を改悪したうえで書き込むという建て付けになっていたということです。

神保――今回の法改正のポイントはそこです。この法案が通れば、検察も国家公務員と同様に人事権を通して内閣に牛耳られるようになってしまう恐れがある。しかも、定年を一年ごとに延長して、最長で三年まで延長できることになるが、延長するもしないも内閣次第。内閣の胸先三寸で、定年間近な検事の定年を延ばして、さらに上のポストに据えるようなことができてしまう。公務員にとっては、キャリアの最後の三年というのはとても大きな意味を持ちます。それ次第で自分が官僚機構の中でどこまで上に登っていけるかが変わってくるし、当然退職金や退職後の再就職先のランクも大きく変わってきます。

宮台――若い人にとっては安倍内閣が念頭にあるから、内閣ってこんなに長く続くものだと思っているかもしれませんが、日本はだいたい一年から二年で内閣が代わってきたことを考えると、この三年というのはとても長いのです。

神保――検事総長や高検の検事長など検察幹部が軒並みその対象になるので、ますます政治がらみの事件が揉み消されたり政治的スキャンダルが表面化しないというようなことが起きる可能性がある。

官僚と政治

神保――今、国家公務員法と検察庁法の改正案をお見せしました。国家公務員法は公務員の定年延長に際して人事院の承認を得ることを求めていますが、国家公務員の幹部の人事権は基本的に内閣にあります。内閣人事局が局長以上の人事を完全に握り、いわゆる官邸の一極支配の源泉になっています。

宮台――菅官房長官が作り出したと言われています。

神保――元々は政治が官僚をしっかりと統制すべきという民主党政権の考え方が発端になっています。でも、国家公務員に対しては内閣が人事権を持っていていいのに、なぜ検察はダメなんだと聞いてくる人にはどう答えますか。

宮台――こう考えればいいのではないでしょうか。例えば、日本には憲法裁判所がない代わりに、内閣法制局長官が憲法の番人の役割を果たす。だから、内閣法制局長官を政権が挿《す》げ替えてはいけないという慣例の中で動いてきたわけです。検察のトップ人事の場合は、きちんと特別法を作って、慣例以上のものにしてあります。なぜか。行政官でありながら、日本では司法の機能を果たしてきたからというのがその理由です。法律がどうなっているかにかかわらず、機能に注目して、それを壊さないようにするのが、保守主義の基本です。

神保――官僚と政治の関係がどういうものなのかを踏まえずに、内閣が検察に介入しようとしていたところ、黒川氏の賭けマージャンでそれがダメになったという話になってしまうと、それこそ、正義の味方である検察の独立性が保たれて良かった、みたいな文脈で理解されてしまう恐れがありますね。

宮台——まず、行政官僚について説明しましょう。官僚は政治家に使われる存在です。この場合、行政権内の話をしています。行政権内でも牽制メカニズムが機能します。よく「三すくみ」と言いいます。官僚は政治家に弱い。今回の官邸騒動でもそれは裏付けられました。人事権を握られているので捏造・改ざん・隠蔽にさえ手を染めてしまった。政治家は市民に弱い。政治家は選挙で市民に選ばれるからです。そして、市民は官僚に弱い。官僚が法に基づいて行政を執行するからです。例えば許認可行政では、官僚の裁量権の胸先三寸で、市民にできることとできないことが決まります。

だから、立法・行政・司法の三権分立とは違いますが、行政権内でも、官僚・政治家・市民が三すくみの権力循環をなすことで、「だれが一番偉い」とは言えないように、「頂点を消す」わけです。三権分立の基本は、立法・行政・司法の相互関係において、「頂点を消す」ところにありますから、全体の原理が部分にコピーされる形で、行政権内にも同じ原理が働いているということですね。

ここで誤解をふさいでおけば、政治家に対して官僚が弱い立場にあることは、悪いことではなく、望ましいことです。どういうことかというと、行政官は政治家の手足だということです。手足だから行政官自体には意思はない。すなわち、政治家から見ても、国民から見ても、場合に「計算可能な機械」だということです。どういうふうに機械に留め置くかということ、マックス・ウェーバー的に言えば、行政官が、合法手続の枠内で動く予算と人事の動物であることによってです。行政官僚はそういう存在でないと困るのです。ただし合法手続の枠内で、と申し上げたところが肝腎です。そこが昨今の日本では、文書管理のずさんさを含めて、完全にデタラメになっているということです。その結果、国民から見て行政官が計算不可能な暴走機械になってしまっているのですね。

神保――政治家から言われたことは、たとえそれが自分の信条と違っても、あたかもそれが自分の信念であるように振る舞わなくてはならない、と。

宮台――ある種のロボット、マシーンにならなければいけない。それが、行政官の責務です。行政官僚制のルールはそういうふうに作られている。しかしロボットやマシーンは、プログラムの中で動くように設定してあるはず。そのプログラムを、犯罪者でありながら首相を務める安倍が、骨抜きにしたということです。

神保――共産党政権下ではその政策を粛々と実行しなければいけないし、翌日に自民党政権ができたら、今度はその政策実現のために邁進しなければならないわけですね。

宮台――それが、プログラムの枠内で動くということの本質です。そこで問題になるのが、内閣人事局の問題です。省庁トップの人事だけでなく、官邸官僚の人事を掌握することで、抜擢された官僚が、官僚の分際で、単に自分たちのノウハウや知恵を政治家のために使うという営みを超えて、実際には政治の機能を果たしているということです。それは、今の安倍が今井尚哉《たかや》内閣補佐官の操り人形であるところを見れば、よくわかります。実際、たかが行政官に過ぎない輩《やから》が、学校の休校要請からアベノマスクの配布まで含めて、政治を行っているところに非常に大きな問題があります。

神保——最初は秘書官だったのに、途中から補佐官になりました。政治的機能を正式に持ったわけですね。

宮台——補佐といいつつ、実際には補佐を超えているところが、象徴的ですね。各省庁のトップの権力よりも、官邸官僚の権力のほうが上なので、官邸官僚として取り立ててもらおうとするクズ=損得マシーンが、省庁内にいるときから合法手続の枠を超えてまで、政治家のケツをなめようとします。特に今井尚哉が典型ですが、次官レースから落ちて劣等感にまみれたクズほど、喜んで政権のケツをなめるので、省庁内ではモラル・ハザードが生じます。そういう建て付けを作り出したのが、自身も劣等感にまみれた菅義偉《すがよしひで》。

しかし、ここがまた肝腎ですが、菅義偉の建て付け以前に、そもそも日本の行政官僚は中立だったのかという問題があります。これが検察問題に直結しています。例えば、民主党政権に代わった二〇〇九年、行政官僚のトップはパニックになりました。詳しくは述べませんが、外交では偽造文書を捏造までして、外務官僚が鳩山由紀夫さんをだまし、外交方針を転換させて、辺野古の国外移設という話をつぶしたわけです。

神保——あのときは、鳩山さんもそれしかないと思い込まされてしまった。

宮台——そういうことを、検察だけではなくて、いろんな省庁の官僚もやってきたという歴史が、厳然としてあります。そこに、長期政権がもたらした、日本の行政官僚制の歪みがあるのです。その行政官僚の中でも最も権力を持ち、場合によっては内閣総理大臣を逮捕できるというくらい強大な権力を持っているのが、検察だということなのです。

面白いことに、検察は司法の機能を果たしながら、他方で政権べったりの仕事をしてきた歴史も、これまたあるのですね。例えば、第二次安倍政権以前の、二〇〇七年の緒方事件＝朝鮮総連所有権移転詐欺事件です。朝鮮総連が被害を受けていないと繰り返し訴えたにもかかわらず、検察が、北朝鮮への強硬路線で名を上げる安倍政権の意向に直接従って、政権の意に抗って朝鮮総連の仕事を請け負った元高検検事長・緒方重威《しげたけ》さんを冤罪で逮捕・起訴した事案です。緒方さんの本を読むと具体的な経緯がわかりますが、「政権から意を直接伝えられて従うケツなめ検察幹部ら」の実例です。これは二〇一四年の内閣人事局設置以前の話であることに、注意しなければなりません。

それとはまた別に、内閣人事局以前から、検察は、行政官僚の総意という「思い込み」を体現しようとしてきました。それが、小沢一郎さんの資金管理団体「陸山会」をめぐるデタラメな「国策捜査」の背景です。その結果、理念の鳩山と実務の小沢のツートップ体制で臨むはずの民主党新政権が、片翼をもがれてしまったわけです。それがどれだけ新政権にとってダメージだったかは、その後の民主党政権の顚末《てんまつ》を見れば明らかです。検察の「思い込み」で、日本の政治史がねじ曲げられてしまったわけです。それがどれだけ国民にとって不幸であるかは、犯罪者である安倍が首相を務める現政権を見ればわかります。安倍の言葉をもじれば、まさに「安倍政権という悪夢」。そのきっかけを作ったのが、検察の暴走です。そのことを末代まで忘れてはなりません。

神保――いみじくも、日本では三権分立のうちの executive branch のことを「行政」と呼びます。本来は executive には執行の意味しかないので「執行」か、もしくは法律を執行するという意味で「行法」と呼ぶべきはずのところが、なぜか日本では executive branch を「行政」と呼んでいます。これって政《まつりごと》を行うという意味ですよね。全然 executive じゃないじゃないですか。

宮台――気が付きませんでした、面白い意見ですね。

神保――日本の行政は政治機能を果たすことが前提になっているので、この呼称に誰も異を唱えないとしか思えません。

宮台――ドイツ語でも administrativ です。問題を理解する手掛かりが、「頂点を消す」相互牽制のメカニズムです。政治が官僚を使い、官僚が市民に命令をする。しかし、その市民が政治家を選挙でコントロールするので、政権交代が起こり、特定の政党にべったりな官僚は取り除かれるというメカニズムのことです。だから、行政的な中立が守られると想定されるわけです。細かい話に見えるかもしれませんが、そういう機能的連関が、実は前提なんですね。

神保――そもそも、日本では前提が成り立っていないわけだ。

宮台――それが政権交代が起こらないことの弊害です。さらに、日本の場合には「お上《かみ》」という奇妙奇天烈な概念があります。これはコロナ禍での「自粛警察」ともつながります。「お上が言うことに逆らって、不安をあおるのか」という、僕が呼ぶところの「依存厨《ちゅう》」がうようよしています。丸山眞男に言わせれば、政治を「作為＝市民が作り出すもの」ではなく「自然＝市民が依存する変わらない前提」だと見做す、前近代的な劣等性です。その結果、政治が「自民党的なるもの」以外に変わるだけでもパニックになるような劣等な輩が、量産され続けます。かくして自民党が長期政権を担うことになります。

するとと、行政官僚としては自民党にべったりにならない理由がなくなります。むしろ、「ケツなめ官僚」を国民が望んできたのだと言い切ってもいい。だから、政権にべったりになっても、その後で報いを受けることを、官僚が予想しなくていいわけです。かくして、たかが行政官僚であるにもかかわらず、政権に極限まで擦り寄ろうとします。民主党が政権をとっただけで、非合法なやり方をしてまで邪魔をして、自民党を復権させようとします。それがあらゆる省庁で行われます。ということは、畢竟、「犯罪者・安倍が悪い」とか、「人事局を作った菅が悪い」という以前に、劣等な日本国民が悪いのです。

神保――鳩山さんが官僚に騙されて、「少なくとも県外」と宣言していたのに、最終的に辺野古しか選択肢がないという誤った政策判断をさせられていたことが、自民党政権に戻ってから明らかになったのを見て、少なくとも向こう一〇年、いや二〇年は、民主党の政権復帰は難しそうだな、と思いました。日本には国家反逆罪というのはないけれど、官僚が内閣総理大臣を騙して政策を変えさせたとすれば、それは本当に大変なことで、もはや一種のクーデターみたいなものです。でも自民党政権下では、普天間の辺野古への移設は政権の政策と一致しているので、そんな大変な話が笑い話で終わってしまっています。だけど、旧民主党系の勢力が再び政権をとれば、もちろん笑い話ですむはずがありません。徹底的に責任追及が行われるでしょうし、それはリベンジというような次元の話ではなく、民主国家として厳しく検証されるべきことでもあります。鳩山さんに辺野古しか選択肢がないといって騙したのは外務官僚ですが、おそらく今の霞ヶ関には同じような問題を抱えている官僚がごまんといるはずです。彼らは身を挺してでも政権交代を阻止しようとするはずです。

宮台――ただ、その基点にあるのが、日本国民の、民主主義に関わる劣等性なのだということを忘れてはいけません。

神保――でも「お上」って、まるで江戸時代みたいですよね。上様《うえさま》とか。だからといって、天皇陛下を敬うというような気持ちとも違うでしょう。一体、お上って何なんですか。

宮台――今では学問的に否定されていますが、昔は「お上」のカミは神様のカミなのだと言われていました。その俗説がけっこう長い間連綿と信じられてきたということ自体が、何を意味しているかを考えてほしい。天皇陛下ではないけれども、「お上」が言っていることは「ヒト」が言っていることではないと受け止める営みを意味しているのですね。少なくとも自分と等価なヒトが言っていることではない。そう受け止めるという劣等性です。お上が、自分とお仲間の損得だけを考える犯罪者であっても、「お上」なのだから、というわけです。これで国体が保てるはずがありません。実際、政治も経済も社会も、すべてがぼろぼろです。

神保――天の声っていうやつですね。やっぱり一種の「空気」なんだな。いくらなんでも安倍さんや麻生さんのことを「お上」とは思っていないでしょう。

宮台――そこは単純ではありません。日本人の多くを占める「依存厨」は、いつも上目遣いで「お上」に服する「ヒラ目厨」と、いつも周りを見て自分が後ろ指をさされてないかを気にする「キョロ目厨」の合体です。それが、「お上」がちょっとしたメッセージを出しただけで「自粛警察」のようなものが機能してしまう理由です。これは、人為的に作られてきたものです。出発点が江戸時代の「五人組」で、連帯責任による一種の相互監視社会です。それにならって、戦中は「隣組」が作られ、戦後でも「町内会」のような形で人為的に延命させられてきた歴史があります。

神保――自粛要請が事実上の強制になっているのは、日本くらいでしょう。そもそも「自粛」なんだから、誰かがそれを「要請」していること自体がおかしいんですけどね。

宮台――コロナ禍で不安なのはあたりまえ。諸外国も同じようなものです。問題は日本人が「安心厨」だらけであること。ゼロリスクを求める「依存厨」を、僕は特に「安心厨」と呼びます。その動きは劣化した自動機械そのものです。その特徴は、第一に、同調圧力になびく者は、同調しない者を見つけると、自分を否定されたと勘違いして、幼稚園児のように噴き上がること。

第二に、「お上」依存で思考停止する者は、「お上」と違う意見や「お上」に逆らう振る舞いを見るだけで不安になって、「不安をあおるのか」と幼稚園児のようにガナリ始めること。「不安だからこそ仲間と知恵を出し合う工夫」ができず、「不安なのはお前のせい」と差別する。それが、江戸時代以来の長い「善政」の中で培われてきた「心の習慣」であって、近代民主政から見た日本人の明白な劣等性です。それが、国力をどんどん低下させ、挙げ句は国体まで破壊しようとしているわけです。

神保——いわゆる、岡っ引き根性ですね。

宮台——これは僕の師匠の小室直樹が繰り返し言っていたことですが、そもそも疑獄事件は、官僚と政治家との間の権力闘争です。そのことは本書でも詳しく説明してあります。けっして、正義の味方が巨悪を眠らせないといった単純な話ではありません。

神保——この国では戦後、昭和電工事件を皮切りに造船疑獄、ロッキード事件、リクルート事件、佐川急便事件など疑獄事件が起こるたびに政治資金規正法が改正され、個々の政治家の力が削がれてきました。

もともと、戦後アメリカの占領下で制定された政治資金規正法は、規制の「せい」の字が制限の「制」ではなく、正しく使われていることを確認することに力点を置くアメリカ型の考え方が採用されていました。カネ集めのための政治は許さないが、政治のためのカネ集めはむしろ奨励されていたのです。

ところが、国民的な人気が高いために多額の寄付を集めることができる高い資金力を持った政治家は、官僚にとっては脅威となります。そこで検察が官僚機関の尖兵となって、資金力のある政治家を贈収賄などで逮捕し、その政治家の政治力を削ぐと同時に、疑獄事件のたびに政治資金規正法が強化されてきたというのが戦後の官僚VS．政治家の権力闘争の歴史の一つの側面です。

しかし、メディアは疑獄事件のたびに検察のリークを垂れ流し、必ず検察側についてきました。そして、ここがとても残念なところですが、一般市民はその情報操作にイチコロにやられてしまい、気がつけば毎回必ず政治家が悪者になっていて、検察は正義の味方でした。しかし、宮台さんがよく言われるように、われわれは政治家は選べるが、官僚も検察も選ぶことができません。にもかかわらず、われわれが、本来、市民を守ってもらわなければならない政治家を簡単に見捨て、自分たちが選べない検察に味方してしまうのはなぜなのでしょうか。やっぱりメディアにしてやられているということでしょうか。

宮台――だって、メディアと検察は一緒に賭けマージャンをする「お仲間」ですから。

神保――今回、その癒着が白日の下に晒《さら》されただけでも、良しとするしかありませんね。捜査情報という最上級の秘匿情報を山ほど持っている検察とメディアがタッグを組んで世論操作を行えば、今太閤とまで呼ばれた田中角栄だって蹴落とせることは実証済みです。ただ、繰り返しになりますが、われわれは政治家は選ぶことはできるが、官僚は選ぶことができない。検察も同じです。ただ、もう一つ、今、われわれはメディアを選ぶことができるんですよね。

第一章

ゴーン逃亡が日本人に問うもの

弁護士・元検察官
郷原信郎

神保哲生 ╳ 宮台真司

1955年島根県生まれ。弁護士。77年東京大学理学部卒。三井鉱山勤務を経て80年司法試験合格。83年検事任官。東京地検検事、広島地検特別刑事部長、長崎地検次席検事、東京高検検事などを経て、2006年退官。08年郷原総合法律事務所(現郷原総合コンプライアンス法律事務所)を設立。10年法務省「検察の在り方検討会議」委員。著書に『「深層」カルロス・ゴーンとの対話』(小学館)、『青年市長は司法の闇と闘った』(KADOKAWA)、『告発の正義』(ちくま新書)、『検察崩壊　失われた正義』(毎日新聞出版社)など。

2020年1月11日配信

神保――今日は二〇二〇年一月一〇日の金曜日です。実は今回はもともとカルロス・ゴーン被告の弁護人を務める弘中惇一郎弁護士に出演していただく予定でした。しかし、年末にゴーン氏の事件にまさかの急展開があり、急遽内容を変更することになりました。

これまでマル激では司法、とりわけ日本の刑事司法の問題を多方面から取り上げてきました。それは統治権力と市民社会の直接の接点となる刑事司法には、日本が抱える問題のすべてが詰まっている面があると考えるからです。今回の事件も本来は日産事件と呼ぶべきものですが、最初からこれを「ゴーン事件」と呼ぶようなスピンがかかっていますね。

宮台――政府は何とか、「ゴーン被告逃亡事件」に仕立て上げたいのでしょう。

神保――実際、ゴーンさんが日本の出入国管理の甘い点を突いて国外に逃亡したのは事実ですが、だからといって、これでゴーンさんが自分の罪を認めたも同然だと考えるのは、ちょっと違うと思います。国外逃亡が違法行為であることは間違いありませんが、なぜ彼が逃亡を計らなければならないところまで追い詰められていたのかについては、その背景をきちんと押さえておきたいと思います。

宮台――まず、ゴーン氏の逮捕自体が国策捜査だという問題もあるし、取調べの際の検察側の人権意識が中世並みだという司法制度の問題もあります。

神保――また、そもそも日本の出入国管理体制に重大な欠陥があったことも、忘れてはならないでしょう。ちなみに入管も刑事司法と同じ、法務省の管轄です。しかし、現時点ではその問題を指摘する人はほとんどいないようです。とにかく「逃げるとはけしからん」という話で、すべての議論が終わってしまっている状態です。

その上、この件に関する森雅子法務大臣や菅官房長官の会見を聞いていると、保釈の基準をもっと厳しくすべきだとか、もっと保釈金を高くすべきだったとか、より管理を強化することで官僚の権利を拡大し、市民の権利を制約する方向の話にすり替わっています。

宮台――村木厚子さん冤罪事件で、検察の捜査に制約が加わるはずであったのに、逆に盗聴範囲の拡大とか、他者をチクると罪が軽減される捜査協力型の司法取引とか、検察の権限が拡大してしまったときと同じです。

神保――出入国管理ももう少しちゃんとしたほうがいいと思いますが、ゴーンさんの逃亡によって、昨年のゴーンさん逮捕以来再び注目され始めていた前時代的な日本の刑事司法制度の問題に、世の中の目が向かなくなることが心配です。今日の新聞では、安倍総理がゴーン事件について経団連の御手洗会長に「できれば日産の中だけで解決してほしかった」と言ったことが記事になっていました。

宮台――一説では、あれで、官邸が巻き込まれたという被害者意識を表明したつもりになっているようですね。

神保――まずはここまでわかっていることを、しっかりと確認しておきましょう。ゲストは日本の刑事司法のあり方や検察のあり方について厳しい発言を続けてきた弁護士で元検事の郷原信郎さんです。郷原さんは年末のゴーンさんの国外逃亡をどう見ましたか。

郷原――大変驚きました。正直、残念でした。できれば日本の裁判で真相を明らかにしてほしかった。十分に真相が明らかになれば、そもそもこの事件は全くデタラメなんだということが明らかになったはずです。だから、時間がかかっても日本の裁判の場で戦ってもらいたかった。われわれはずっと人質司法問題を、拘置所に入っている被疑者・被告人を奪還することだと考えてきました。私も弁護士として、保釈で出れば、奪還できた、身柄に関しては成果だと思ってきた。しかしゴーン氏からすれば、拘置所から出ても日本国内に抑留されていたわけです。

神保――実際は軟禁に近いですよね。

郷原――九ヶ月も奥さんと接触できず、保釈後も日本国内にしかいられない。国際的舞台で経営者として活躍する人にとって、日本国内でできるのは裁判対応だけです。

神保――日産やルノーの関係者と会うことも禁じられています。

郷原――しかも、そういう状況がいつまで続くのかわからない。金商法（金融商取引法）関係の裁判は二〇二〇年の四月に第一回が開かれることが固まりつつあった。しかし、どうも一二月二五日公判前手続きで、二つの裁判は同時に進められない、金商法の裁判が終わってから特別背任の裁判をすると言われたようです。それだと最低でも五年かかる。

神保――一審の刑事被告人の身分が五年以上は続くということですね。

郷原――そういう見通しになったときに、一方的にゴーン氏を非難することもできないという気がしてきました。この問題は、これまでは、狭い日本の刑事司法の土俵で論じられてきました。その土俵は圧倒的に検察官に有利に作られている。行司役の裁判官がほとんど検察寄りです。では、土俵の外に向かって発信をしていこうとしても、観客である司法マスコミは完全に検察の味方です。

　ゴーン氏の二回目の特別背任の再逮捕は、まさに記者会見をしようとした途端に行われました。そう考えると今の状況では、日本の刑事司法に一石を投じることすら期待できなかったのではないか。その意味では、ゴーン氏がレバノンを中心に海外のメディアに発信をすることで、はじめて大きな場で日本の刑事司法の問題が語られるかと若干期待しました。残念ながら、記者会見後の状況を見ると、必ずしも期待していた方向には行っていませんが。

神保――大臣発言などを見る限りあまり期待できそうもありませんね。マスコミも記者会見に入れてもらえなかった怨《うら》みも手伝って「ゴーンけしからん」論調一色になっている感じです。

郷原――検察は今回も、ゴーン夫妻を悪人にして、刑事司法一般の問題と切り離そうとしています。マスコミも一緒です。

官僚制と抵抗権

神保――宮台さんはゴーン氏の国外逃亡をどう見ましたか。

宮台――長い目で見れば、日本にとっていいことだと思います。日本の刑事司法が抱えている長年の問題が世界中に知られるようになった。これはマックス・ウェーバーが言ったことですが、行政官僚は基本的に損得勘定で予算と人事をめぐって競争するロボットのようなもの。そこには正義も何もない。ただ法的ルールだけがある。でもそれでいい。計算可能なゲームになるからです。ただしそもそも大目的を欠いているので、行政官僚制は合法的に暴走する。だからそれを制御するのが政治家であり、政治家を制御する国民であるということ。

実際ウェーバーは、当時つまり一九世紀末のビスマルクによる独裁を容認していました。ビスマルクほどの辣腕《らつわん》政治家でなければ、プロイセンの行政官僚に大目的を与えて操縦できないからです。しかしビスマルクの存在は偶然で、彼の後に有能な首相が登場する可能性は乏しい。だから、彼の長期政権が続く間に急いでドイツ国民を「国民化」して、まともな政治家を選べる能力をつけさせせなければならない。

けれど今日の日本では、国民が劣化した結果、まともな政治家が権力を握れず、行政官僚を適切に操縦するべき政治が機能していない。だからウェーバーの予言通りに官僚が暴走している。さて、暴走とはどういうことでしょうか。官僚たちは制度内の人事と予算をめぐる合理性にかまけるだけで、制度自体の合理性を問いません。だから暴走し得るわけです。

これは、検察だけではなく、すべての行政官僚がそうです。もともと制度には制度目的があります。制度が公共的な目的に合致しないのであれば、制度そのものを変えなくてはならない。でも官僚にとって、制度はゲームのプラットフォーム（土台）です。「これからは然々《しかじか》を実績として評価しないことにした」とプラットフォームが変わっては困る。だから、典型的には官僚制度改革をめぐって、政治家と官僚が熾烈なバトルを展開する。それに勝ち抜ける政治家だけが辣腕の名に値する、というわけです。

だからといって、ウェーバーはそういう官僚を単純に否定しているわけではありません。むしろ彼は、行政官僚はそうある「べき」だとすら言っている。なぜか？　公共性は政治家が考えることだからです。だから、政治家は官僚の上に立つ。しかし皮肉なことに、「政治主導」「官邸主導」という名のもとに、今の日本では、安倍晋三の無能もあって官僚の官邸支配＝政治支配が進んでいます。安倍が何から何まで官邸官僚に依存しているからです。官僚のほうは赤ん坊のガラガラよろしく「政権存続」と「憲法改正」というエサで安倍を釣るだけです。

神保——政治主導のように見えて、実際は政治家が官僚に手玉に取られていると。

宮台——はい。ただし、予測を当てたウェーバーが偉かったという話ではない。ウェーバーが洞察したのは一つの摂理であり、摂理であるだけに、安倍が無能である間は簡単には直せないという話が重要なのです。

神保――ウェーバーの時代からわかっているのだから、本当なら官僚の暴走に対する抑止とかセイフティーネットが制度の中に組み込まれていないといけないはずなのに、なぜ日本にはそれがないのでしょう。

宮台――法も制度も目的のためのもの。だから、法が目的に資することがなければ、官僚ならぬ政治家は正義や国民への愛を貫徹するために、事後に血祭りにあげられることを覚悟してあえて法の外に出ることをも厭《いと》わない構えが必要です。しかし今は、行政官僚と同じく、私は法の枠内にいると言いつつ自己利害の最適化を図る政治家ばかりになった。犯罪者であるだろう安倍晋三が典型です。

神保――なぜかと聞くと、「ルールだから」と答える。

宮台――しかも、お縄になりたくないというだけでルールを勝手に解釈変更する姑息さです（笑）。

神保――その意味でも、単に面白がっていてはいけないと思うんです。郷原さんは今回の事件をどう見ますか。

郷原――ゴーン氏が国外に逃亡したことは事実ですが、事実は何も確定されていない。密出国の事実が犯罪として立件され、処罰されるためには、どこからどうやって出たかということがわからなければいけません。ゴーン氏自身がレバノンで「自分の意志で出た」と言っているから、保釈条件違反であることは間違いない。今わかっているのはそれだけです。密出国の犯罪事実は、何も特定されていません。

神保――今のところ日本のメディア報道は、ウォールストリート・ジャーナルの報道内容を再生産しているだけです。

郷原――このままであれば、仮にゴーン氏の身柄を拘束できても、彼が何もしゃべらず、証拠も何もないなら逃亡の事実はわからない。会見でも、彼は何も答えなかった。

神保――海外のメディアは、楽器ケースの中に隠れていたことだけでも認めさせようとしましたが、その質問にさえ答えませんでした。

郷原――このままでは、トルコで身柄を拘束されている七人も起訴されて処罰されるかどうかわかりません。箱を運んだのは事実ですが、関西空港までゴーン氏が行ったことと、レバノンにいること以外は何もわかっていない。

神保――トルコでの身柄拘束は、飛行機のオーナーが、自分の飛行機が申告内容とは違う目的で使われたことを訴えたからだと聞いています。少なくとも現時点では、ゴーンさんの逃亡を助けたからという話にはなっていないようです。

郷原――トルコとしては、トルコへの密入国だから逮捕したのだと思います。しかし、本当にトルコに行ったかもわからない。もしかしたら別の国を経由して行ったのかもしれない。

神保――橋下徹元大阪市長が面白いことを言っています。彼も日本の人質司法は非常に問題だと思っているが、自分は日本人で日本の主権に守られている立場だから、自分だったら日本の主権の下で裁《さば》きを受けるしかない。ただ、もし自分が日本以外の国で人権も守られないような状態で勾留されたとしたら、もし脱出できるチャンスがあれば脱出するだろう、と。

郷原――そういうことなんですよ。

神保――ゴーン氏の場合、もともと問われている罪もあからさまな犯罪というよりも、解釈の問題になるものが多いわけです。

郷原――山口利昭弁護士がブログで芦部信喜《あしべのぶよし》の『憲法』を引用しながら抵抗権について書かれていました（＊1）。

「国家権力が人間の尊厳を侵す重大な不法を行った場合に、国民が自らの権利・自由を守り、人間の尊厳を確保するため、他に合法的な救済手段が不可能となったとき、実定法上の義務を拒否する抵抗行為を、一般に『抵抗権』という」（芦部信喜『憲法』）

芦部先生は、日本でも「人権保障規定の根底にあって、人権の発展を支えてきた圧政に対する抵抗の権利の理念を（日本国憲法に）読み取ることは十分に可能である」と述べておられます。実定法以前に、市民革命を正当化する「自然権」の存在を展開したジョン・ロックの主張では、この抵抗権の一環として、拘禁状態からの逃亡も理解されます。

全体としてどういう状況だったのか？　日本の国家権力がゴーン氏に対してやってきたこと

が正当だったのか？　それをあわせて考えないと、彼のしたことを法的にも社会的道義的にも評価できない。

宮台――抵抗権は、ジョン・ロックの革命権に由来します。革命が正義であり得るということは、法の外に正義があり得るということ、つまり、法が正義を必ずしも独占できないということです。だからこそ、抵抗権、革命権が存在すると考えられてきた。芦部先生の言葉は、圧政による悲劇を、国境を越えて人類全体のものだと受け止め、それに対する抵抗の権利を普遍的な「歴史の財産」として見出すというものであって、日本国憲法に見られるコスモポリタニズムの視座から理念化しておられる。

森法相の「無罪を証明するべきだ」発言

神保――大統領選挙のたびに銃規制のあり方が政治的な争点になるアメリカが、憲法第二修正条項に武装権を掲げているのも、政府が暴走したときにその政府に抵抗するための抵抗権の実質を担保するためのものです。

（＊1）二〇二〇年一月四日　日産元会長ゴーン氏の海外脱出事件――「日本の常識」と「海外の常識」ブログ「ビジネス法務の部屋」より

先日のゴーンさんの会見についてもお二人の意見をお聞きしたいです。まず昨日（九日）、森雅子法務大臣と菅官房長官が、ゴーンさんが会見で強調した日本の刑事司法制度に対する批判に反論しています。ゴーンさんの会見は日本時間で一月八日の午前〇時から始まりましたが、二時間近く続いた会見が終わった直後の翌九日の〇時三〇分には、早くも東京地検のウェブサイトにゴーンさんの主張に対する反論のコメントが上がっていました。地検がこんなに早くコメントを出すのは異例のことです。

さらに、今回キャロル夫人に逮捕状が出た際には、東京地検特捜部の副部長がわざわざ会見をしています。これも異例中の異例のことで、私はこんな検察を今まで見たことがありません。あきらかに世論を意識して情報戦をしかけているようで、ゴーンさんの発言に一つひとつ反論するようなコメントまで出しています。

森法相はゴーンさんについてこう言っています。「ゴーン被告人においては、主張すべきことがあるのであれば、わが国の刑事司法制度において、正々堂々と公正な裁判所の判断を仰ぐことを強く望みます」。菅官房長官も会見の場で「わが国の刑事司法制度は個人の基本的な人権を保障しながら、事案の真相をあきらかにするために適正な手続きを定めて、また、適正に運用されており、ですね、ゴーン被告の主張というものは、これは一方的なもので、全く説得力に欠けるものだと思うものです」「政府としては、引き続き関係国、国際機関ともしっかり連携して、わが国における刑事手続きが適正に行われるように、できうる限りの措置をしっかり講じていきたい。このように思います」と語っています。
　森法相は弁護士の資格を持っていることに加え、ニューヨーク大学の法科大学院（ロースクール）も出ている方です。ところがそんな方がこのとき何と、「日本の司法制度の下で無実を証明してほしい」と言ってしまった。被疑者が無実を証明しなければならないなんて、司法の原則を全く理解していない人が言うような台詞です。森さんは後に「証明してほしい」ではなく「主張してほしい」の言い間違いだったと、慌ててこの発言を訂正していますが、後の祭りでした。

宮台——ツイッターも直した。

郷原——問題はツイッターです。単なる言い間違いで「証明」と言ったけれど、言いたかったのは「主張」だった、これなら責められない。でもツイッターでも書いている。書き間違いだとはちょっと考えられない。

神保——しかも、発言と文字で偶然同じ言い間違いと書き間違いを犯していたことになりますね。ただ、不思議なのは、森さんは法務省の役人ではない。官僚ではなく、法務省や検察を監督する立場にある政治家です。ウェーバーからすれば、彼女こそが官僚の暴走をコントロールしなければいけない政治家なのに、実際はその政治家が官僚機構の先頭に立って暴走している。

宮台——ウェーバーは『職業としての政治』の中で、倫理的に「最高の官僚は最低の政治家であり、最高の政治家は最低の官僚だ」という意味のことを言っています。つまり、それこそが官僚支配（官僚が支配するということ）の本質です。繰り返し言っている通り刑事裁判の原則は、裁判官が、有罪を立証しようとしている検察官を裁くことにあります。きちんとした法的手順《デュープロセス》なのか、証人や証言に意味があるのか。それを判断する。そういう原理原則を忘れて、本当に弁護士の資格を持っていると言えるのだろうか。

神保――議員内閣制の下で、政治家として法務省のトップにいるのが法務大臣です。その人が、完全に官僚の、しかもこの場合は捜査機関の代弁者になってしまっているのはとても残念なことですね。ゴーンさんが国外逃亡という違法行為を犯したことに対して何か一言言わなければ気が済まないのはわからなくもありませんが、法務大臣が正々堂々と裁判を受けてほしかったとまで言ってしまうのは、どうなんでしょうか。

宮台――単に頭が悪いという可能性が高いけれど、最大限善意に解釈すれば、個人間の権利の両立可能性や全個人の共有財という個人法益の水準を越えた、社会法益や国家法益があるという全体主義の観点に立って、主権国家の法の権威を保ちたいと思っているのかもしれない。それでも、時代錯誤という意味で頭が悪いことに変わりはないのですが。

神保――郷原さん、大臣の「無罪を証明しろ」は、もはやコメントにも値しませんか？

郷原――論外です。法務大臣としての資質があるのか、それも弁護士の資格を持っているのに。

神保――国外逃亡されてよほど動揺していたか、それとも誰かが書いたメモを棒読みしていただけだったのか。

郷原――少なくとも、役人がそんなこと書くわけないですよ。

神保――検察と被疑者は対立関係にあるわけなので、検察がゴーンさんの主張を一方的だと主張するのはまだわかります。両者の間にはあきらかな利害対立があるわけですから。でも、捜査機関の一部ではなく、指揮権を通じて捜査機関が適正な手順を踏んでいるかをしっかりと監視する機能も担っている法務大臣や、人事権を通じて官僚機構全体を指揮・監督する立場にある官房長官が、検察と同じ立場から発言していていいのでしょうか。

郷原――本来、バランスの取れた政治家であれば、どうして、こういう状況で逃げたのだろう？ よほどの事情があったからではないか、と考えるのではないか。なぜなら、そのまま無罪判決を得れば名誉が回復するのに、それをあきらめて逃げるわけですから、失うものも大きい。検察とマスコミは、罪を免れられないと考えたと決めつけています。でも本当にそうなのか。別の絶望があったのではないか。それが事実かどうかはわかりません。しかし、そういう観点からも見ないといけない。

神保――政治家の視座が、検察と完全に一致してしまえば、われわれ市民はどうすればいいのでしょう。

宮台――微妙なのは、刑事裁判というのは、先ほども言ったように「検察が裁かれる裁判」だということです。この場合、検察は形式上、内閣総理大臣を代理しているのです。

神保――人事権とか予算権という意味ではそうですね。でも、だからこそ、彼らには検察をしっかりと指揮・監督する責任があるのではないですか。

宮台――司法・立法・行政というとき、検察＝行政を相手に被告が闘うのが刑事裁判ですから、行政がユニットとして一体になっていること自体はおかしなことではないのです。しかし、日本は他の近代国家とは違います。検察が起訴すれば九九・九％が有罪になることからわかるように、裁判による裁き以前の、検察による前捌き（＝前裁き）が、事実上司法として機能しています。とりわけ特捜案件は、証拠捏造が明るみになった村木厚子さん事案のような例外を除けばすべてが有罪になりますから、ますますそうです。少しでも教養がある法務大臣であれば、身分としては行政官だが、機能としては司法官だという日本の検察官の特殊性を理解しなければなりません。

すると、三権分立もそうした機能的水準で理解する必要が出てきます。だからこそ検察トップの人事に内閣が介入しないという原則が、国家公務員法という一般法を、検察庁法という特別法が上書きするという形で貫徹されてきているのです。ゴーン案件は状況が、国際的かつ政治的な案件であるという特殊な変数《パラメーター》に満ちているので、政治家であればバランスを取る発言をするのが当然なのです。

神保――どういうわけか日本では、司法制度改革を政治家が簡単にはできません。法曹界の抵抗があるからです。しかし今回のゴーン事件では、司法制度にさまざまな問題があることが広く認識されたため、制度を変える絶好の機会となっていました。それなのに政治家の発言を聞くと、むしろ時計の針を逆に回そうとしているように見えます。

郷原――その大きな要因は、今回の事件を、刑事司法の一般の問題と位置づけようとしていることです。海外メディアはもちろんゴーン氏も、そこの区別はついていないのでしょう。検察の問題、とりわけ特捜検察の問題と刑事司法一般の犯罪者の問題とは全然違う。今回は特捜検察の問題です。

森法相はこうコメントしています。「刑事司法制度は各国の歴史や文化に基づき長期間にわたって形成されてきたものであり、各国の司法制度に一義的な優劣があるものではなく、刑事司法制度の是非は制度全体を見て評価すべきであり、その一部のみを切り取った批判は適切ではない」。（＊2）

これは、ある意味で当たっています。実際、日本は安全な社会で治安が良い。その背景には犯罪者がいれば、できるだけ早く、安全な社会から隔離するという考え方がありました。そうした社会では、人質司法はむしろ、世の中が半分望んでいると言えます。「罪を犯したにもかかわらず罪を認めない。そういう人間を野放しにしていたら、みんな安心して夜眠れないでしょう」と言われると、日本人の七、八割の人は「人質司法は必要だ」と感じるのではないか。でも特捜検察の話は違う。考えてみてください、ゴーン氏が保釈になっても不安になるのは検

（＊2）森法務大臣コメント（カルロス・ゴーン被告人関係）二〇二〇年一月九日、法務省 http://www.moj.go.jp/kokusai/kokusai04_00001.html

察の関係者だけで、国民は誰も不安になりませんよ。ではなぜ勾留を続けるかといえば、検察のためです。検察が被疑者を封じ込める武器なんです。

神保――追い込んで自白させるためだったり、メディア上で自分の主張を展開させないようにするためですね。

郷原――それは何のためか。検察の無謬《むびゅう》性を維持し、有罪にするためです。検察が日本の刑事司法の正義を独占していることを抜きに、いきなり刑事司法全体の話にしてしまうと議論がかみ合わない。

神保――刑事司法は刑事司法で問題があるが、今回はそれとは話を分けたほうがいいということですね。たしかに日本では起訴されると有罪になる確率が九九・九％ですが、逮捕された被疑者のうち実際に起訴されるのは全体の三割から四割。つまり、検察は有罪にできるものしか起訴しない。だから一般的な刑事事件では、起訴率も勘案すると実際の有罪率は三〜四割に落ちるが、特捜事件は全く別物ということですね。

宮台――一般の刑事事件では、起訴される前に、実際は裁いてしまっている。先に述べた「裁きに先立つ前捌き（＝前裁き）」の問題です。

郷原――日本の刑事司法におけるふるい分けは検察がやっている。それを裁判所はほとんどまるごと追認する。

神保――すでに有罪になることはほぼ確定しているとすれば、裁判所は量刑を決めているだけということになりますね。その量刑も通常は検察の求刑の七〜八割が相場だということなので、裁判所って一体何をするところなのって感じはします。

郷原――このうち逮捕された案件だと、最終的に有罪になるのが、おそらく七割くらいだと思います。でも、九九％ではない。ただ、注意しないといけないのは、裁判所の判断ではなく検察の判断だということです。司法判断は本来、裁判所がしなくてはならない。ところが、検察が判断している。検察に対する絶対的な信頼がベースにありますが、正しいと言えるのか。

神保――あまりにも大きな権力です。

郷原――さらに特別なのが、特捜検察なんです。

神保――特捜はそんなものじゃない。

郷原――特捜の判断で逮捕する。通常は警察が逮捕し事件を検察が判断するから、逮捕した事件でも三割くらいは不起訴です。でも、検察が自分の判断で逮捕すれば、ほぼ一〇〇％起訴しなければ、自分の判断が間違っていたことになる。そのうえ何が何でも有罪にしようとする。ゴーン氏のような、特捜事件における有罪率九九％というのは、一般の事件より絶望的なんです。

神保――特捜が逮捕したら何があっても有罪にせざるをえない。

郷原――現に、今まで特捜検察が逮捕して無罪になった事件はほとんどありません。

神保――近年では、村木厚子さんの事件くらいしか思い浮かびません。

郷原――あれも、証拠の捏造が発覚していなければ検察は控訴していますよ。刑事弁護人の実感として言わせてもらうと、こういう状況では、無罪判決を書く裁判官と出会うのは特異体験です。ほとんどの裁判官は、数としては圧倒的に有罪判決ばかり書いている。無罪判決を書く力を持った裁判官自体が非常に少ないのです。

神保――確率論から言えば、日本の裁判官は、裁判官生涯で一度も無罪判決を書いたことがない人がほとんどになる。

郷原――われわれ刑事弁護人が何をしないといけないかというと、裁判官が無罪判決をそんなに苦労しなくても書けるように立証する必要がある。材料だけでなく論理構成もすべて弁論で提示していかないといけない。実情から言うと、森法務大臣の言うとおり「無罪を証明」しないといけないわけです。

法と拷問

神保――ゴーン氏の会見の中身についても議論していきたいと思います。

彼が会見を行ったのはレバノン・ベイルートのプレスセンターにあたる建物で、そこには世界中の記者が集まって来ていたのですが、日本の記者は会見場の中に入れてもらえなくて、建

会見での主なゴーン氏の発言

「私は何ヶ月もの間、長いときは１日８時間、弁護士の立ち会いもない中で罪状を知らされず証拠も見せられず、人権を蹂躙《じゅうりん》され続けてきました。自白しない限り状況は悪くなる一方でした。これは録画されているのでテープを見ていただければわかりますが、検察は、私が罪を認めれば終わりにしてやるが自白をしなければ私の家族にまで累《るい》が及ぶと言って何度も私を脅しました」

「私は自らの汚名をそそぐとともに、日本の刑事司法では異端とされる主張をここに明確に宣言します。私に対する罪状は虚偽であり、私には逮捕されるいわれはありません」

「私は正義から逃亡したのではなく、不正義と政治的迫害から逃れてきたのです。私を破壊するために400日間も、私を非人道的かつ不公正に扱いました。私は自分と家族を守るために、この道を選択するしかありませんでした」

「これは人生で最も困難な決断でした。それが、有罪率が99.4%の制度であることを忘れないでください。外国人の場合はもっと高いでしょう」

「私は公正な裁判が受けられるところならどこでも裁判を受けるつもりです。しかし私の弁護士でさえ、日本では公正な裁判は難しいと考えていました。私は日本の弁護士に公正な裁判が期待できるかと何度も尋ねましたが、『最善を尽くします』としか答えられないことに彼ら自身が当惑しているようでした。それを見て、とても不安になりました」

「私はこの陰謀に関与した人々の名前を公表すると約束しました。むろん、西川（廣人）は陰謀の一端を担っています。ハリ・ナダと大沼（敏明）の名前はすでに出ています。他にも社外取締役の豊田（正和）は、日産と政府のつなぎ役でした」

「個人的には、安倍首相など政府の最高首脳がこの陰謀に関わっているとは思いません。ただ、私はレバノンと日本政府の間にこれ以上摩擦を起こしたくありません。その約束を守ることは私の義務です。だからこれ以上は言いません」

「日本のメディアを差別するつもりはありません。会場の外に多くの記者がいることも知っています。ここに入ることが許されたメディアは、客観的な報道が期待できる人たちです。はっきり言えば、他は検察のプロパガンダをそのまま報じるメディアです。私は事実を報じる人々だけを相手にします。しかし彼らが嫌いなわけではないので、これが終わったら挨拶には行くつもりです。ここにいるBBCやCNNやCBSなどの大手メディアは客観的な報道をしてくれます。彼らが私に好意的な報道をするとは思っていないが、少なくとも事実に基づく報道をしてくれるでしょう。しかし会場の外にいるメディアは14ヶ月もの間、何の分析や論証もないまま、日産や検察の言い分を垂れ流し続けました」

物の前で右往左往していたそうです。最終的に記者会見に入れた日本のメディアはテレビ東京、朝日新聞、小学館の三社だけでした。

会見は大きく三つのパートに分かれていました。第一が、日本の司法制度に対する批判です。毎度毎度出てくる、弁護士の立ち会いがない取調べや長期間の勾留、自白の強要などです。刑訴法の改正によって裁判員裁判事件と特捜検察が扱う事件だけは録音・録画の対象になったので、今回のゴーン氏の事件は特捜事件ということで、取調べのビデオ撮影は行われていたはずですが、国際標準とも言うべき弁護士の立ち会いなしで、長いときは八時間以上の取調べを受けていたのに、自分の罪状に対する説明が一度もなかったとゴーン氏は主張しています。

次がメディアの問題です。ある日本の記者が、どうして会見に入れる記者を選別するのかと質問したのに対し、ゴーン氏はこう答えています。「もし、あなたが記者会見に参加が認められたなら、それはあなたが客観的な報道をしてくれると私が判断したからです。外にいる彼らにはそれができないと私は判断しました」。

検察や日産がリークする情報を検証もないまま垂れ流してきた日本の大手メディアの大半は、今回は記者会見には入れてもらえなかった。BBCもCNNもゴーン氏に都合のいい報道をしてくれるわけではないが、事実を報道してくれるので彼らは中に入ることができた、と。

そして最後が、事件の容疑に対するゴーンさん側の反論です。

郷原――事件については、パワーポイントまで使ってかなり詳しく説明していました。会見の中身は、だいたい想定されていた話ばかりです。

神保――国外に脱出した方法や、今回の事件に関わった日本の政府関係者の名前を挙げると言っていたのに、どちらについても発言はありませんでした。

郷原――日本の刑事司法の状況、人権侵害。もらってもいない報酬のことで逮捕された、と何回も言っていました。なぜかと言ったら、「背景には日産という会社で社長である自分に対するクーデターがあった」というわけです。もし政府関係者の名前を出すつもりだったとしたら、レバノン大統領と日本の大使が会ったことで控えたのかもしれませんね。問題は、彼が直接海外のメディアに語ったということがどういうインパクトを与えるのか。

神保――あの会見は二時間近くも続いた長いもので、パフォーマンスとしては少々長すぎました。また、突然フランス語になったりアラビア語になったりするところも含めて、ゴーンさんが一方的にまくしたてる場面が多く、記者会見というよりも独演会に近いものだったと思います。

宮台――新しい事実はなかった。ただ冒頭にも申し上げたように、日本の中世的な状況が海外に克明に語られたということはよかった。日本では人質司法と言っていますが、国際的には拷問とされているものです。

神保――日本は国連の拷問禁止委員会などから合わせて六回も改善勧告を受けていますが、二〇一三年五月の同委員会の会合では、アフリカのモーリシャスの代表から、「日本の刑事司法制度は自白に頼りすぎており、中世（the Middle Ages）のようだ」と言われて以来、日本の刑事司法について「中世」という言葉がよく使われるようになっていますね。

宮台――いつまで監禁されるかもわからない状態で、「自白したら出してやる」「あいつをチクれば出してやる」と裏司法取引を持ちかけられる。これは「拷問みたいだ」ではなく、文字通り完全に拷問です。こうしたユニバーサルな（＝どこでもいつでも通用する）見方であって、拷問かどうかは文化によって違うなどということはありません。それを言い出したら、拷問禁止の国際条約は端的に無意味になります。そして、それを言い出しているのが日本です。

神保――しかも日本の場合、熱意を持って取調べを行った結果たまたま拷問のようになってしまったのではなく、最初から被疑者を精神的に追い込んで自白させる意図を持ってやっていることなので、拷問そのものと見なされているわけです。

郷原――それが正しいことだと思い込んでいるのは、検察は正義であり、検察が起訴した人間は間違いなく犯罪者だと思っているからです。検察が逮捕したら必ず起訴する。だから、逮捕した人間は犯罪者であり悪人である。「日本の社会は、そうした連中を野放しにしていいのか」というわけです。検察官が全知全能であれば、それでいいわけです。

神保――それはもはや神様ですよね。

お上という「カミ」が支配する

宮台――まさに、神保さんの言う通りです。私の師匠の小室直樹を含め、多くの人が言っていることですが、日本の統治権力は「神」です。日本では統治権力を「お上」と言いますが、上（カミ）は神と同源だという俗説が長く語られてきました。それが俗説であることが、むしろ問題を表しています。

「お上＝神」という観念の背景は、一七世紀以降の治世《ガバナンス》の良さにあります。江戸時代の歴史は、年表上はアメリカの「建国」史と重なっていますが、幕府が始まった一七世紀には、パリのセーヌ川もロンドンのテームズ川も不潔なドブ川で、糞尿は川はおろか、道にも垂れ流され、一八世紀にかけてペストの大流行で人がたくさん死にました。それに対して、日本では糞尿は下肥としてリサイクルされ、玉川上水をはじめとする上水道も整備され、実に清潔な街だったのです。大火は時折ありましたけれどね。

神保――「善政」が行われるのであれば、君主が治めようが誰が治めようが、それでいいんですよ。

宮台――まさに、民主制の最大の敵が「名君」であり、民主主義《デモクラシー》の反対語が神権政治《テオクラシー》だ、と言われてきたゆえんです。そうした善政の歴史が、「お上の事には間違いはございますまいから」という意識をわれわれに埋め込んだ。明治維新政府は、それを意識的に利用しようとしたのです。

神保――今回、ゴーン事件が起きて日本の司法に注目が集まって以来、僕と外国にいる記者仲間とのやりとりの中で、一世紀に活躍したローマの詩人ユエナリスの有名な「Quis custodiet ipsos custodes?（誰が見張り番を見張るのか？）」という言葉が、よく登場するようになりました。

郷原――検察が見張り番だとすれば、裁判所が検察を見張らないといけない。ところが、裁判所はその役割を果たしていない。その結果、実際に検察は、ほとんどの事件で有罪判決を得て、結果的に正しかったということになっている。だから、彼らの確信は強まることはあっても、ゆるがない。人質司法でよく長期勾留が問題になります。村木厚子さんは一六四日、鈴木宗男さんは四三七日、佐藤優さんは五一二日と言われます。一番長いのがオリンパス粉飾決算事件被告・横尾宣政さんの九六六日です。誰でもそれはひどいと思う。でも、村木さん以外はみんな有罪になっているんです。

神保――検察が起訴した以上、もはやその人は「犯罪者」として扱っても差し支えないだろうと言わんばかりですね。

郷原――村木さんの事件は証拠改ざんだったので、検事控訴すらできなかった。これが、検察にとっては「異例」なんです。「普通」は検事控訴をして万が一負けても、不当判決だと言い続けます。クレディ・スイス証券集団申告漏れ事件の八田隆さんの場合、控訴審で無罪とされても不当判決と言い、八田さんのことを八田隆と呼び捨てにするわけです。

神保――森法務大臣の言う通りに「無罪を証明」しても、まだ許してくれないんですね。

本当に「ヤバい」検察

宮台――日本で「お上が正しい」という無防備さが人々から取り除かれるためには、「権力は常に腐敗する、特に頂点で腐敗する」というアクトン卿のことばが理解されなくてはいけません。監視しなければ腐る、権力とはそういうものだ、というのが近代社会の定理です。この定理が踏まえられないと、冤罪も、ゴーン氏のような「被害者」も、永久になくならないでしょう。

神保――それで思い出すのが、元検事の市川寛さんの言葉です（九五ページ参照）。市川さんは、上司のプレッシャーに負けて供述を捏造したことを認め、自白に追い込んだ被告を無罪にした上で、今は検事をやめて弁護士になられています。個人的な見解だと断った上で、市川さんはこういうことを言われていたんですよ。一九七六年のロッキード事件で、田中角栄元総理から有罪を取ったという「検察には過去に大型疑獄事件を手がけた成功体験がある」「しかし、それが逆に足かせになっていったという可能性」がある、と。たしかに、当時マスコミも田中元首相のことを横並びで批判し、東京地検特捜部は日本最強の捜査機関として持ち上げられました。

宮台――今の神保さんの話を聞いて思い出したのは、ロッキード事件の特捜部にいた堀田力《つとむ》さんに来ていただいたとき（＊3）のことです。郷原さんがおっしゃっていた「検察は正しい。特に特捜は正しい。正しい人間たちが悪をこらしめているのだから、悪人を自白させるために苦しい目に遭わせるのは当然だ」という思い込みを、堀田さんは「検察官は正義だ」という「信頼」なのだと言われていました。

神保――市民社会がそれを支持してくれていると。

宮台――お上を神のように信頼している。だから、こういう制度が機能しているのだというわけです。しかし僕は、今はそう言えないと思います。内外から公然と異論が噴出しているというだけでも、以前とはパラメーターの配置が異なっている。

神保――あれは、二〇〇六年だったので、村木さん事件のずっと前でした。

…………………………………………

神保：特捜部や検察に対する歯止めは機能しているのでしょうか。そもそも現在の検察にはどのような歯止めが働いているとお考えですか。

堀田：まず、裁判で通るかどうか。これはもう常に、常に常に重くのしかかっていますよね。もう一つ怖いのはマスコミです。相手はもう山ほどそれを言いたいわけですから。そのときに反論できないようでは、それ自体が、まずマスコミ戦で負けるし、当然裁判でも大きな傷になる。だから、何かすごい権力のように思われていますが、こんなに不自由で、手足を縛られてやらなければいけない商売はない。

宮台：検察、特捜の方々のいわゆる、士気（モラール）、動機（モチベーション）あるいは倫理観（モラル）は、何によって支えられ維持されているのか。源泉のようなものがあるのか。それは、どうなっているんでしょうか？

堀田：二つあると思うんですが、一つは、やはり特捜部検事になりたい。私もそうでした。そこで、隠れていて警察も摘発できないものを世の中に出したいという自己満足と言いますか。

もう一つは、検事として失敗したくない。ということは無罪を取りたくない。あるいは、有罪を取っても取調べがおかしかったなどということは、弁護側からも言われたくない、被疑者からも言われたくない。（検察の）中で傷になります。

……………………………………

宮台――少なくとも法だけが正義ではありえない。法に従った行政的な運用が正義だということもありえない。それはもはや明らかです。堀田さんが出演された一四年前は「それでも検察官はやはり正しいとみんな思っているでしょ？」と言って、多くの人が納得してくれる状況だったことが懐かしく思い出されます。

郷原――堀田さんがおっしゃったことの背景には、やはり「検察が組織として決定したことは間違いない、正しいんだ」という前提があるんですよ。

神保――堀田さんご自身も含めて、ということですね。

（＊3）マル激トーク・オン・ディマンド第二五三回「なぜ特捜なのか。なぜライブドアなのか」（二〇〇六年二月三日配信）

郷原――みんながそう思い込まないといけない、そうさせてきた組織が検察なんです。村木さんの事件の証拠改ざんで、そうではないことがわかったと誰でも思う。でも、検察の内部ではそう思っていない。

神保――そうなんですか。

郷原――本来の検察とは違う人間が三人いた、というふうにして切り離した。担当検事の前田恒彦を逮捕・起訴し刑務所に入れ、当時の大阪地検の特捜部長・大坪弘道と副部長・佐賀元明を処分したのです。

神保――検察ではなく、その人たち個人の問題だと。その処理の仕方は怖いな。

郷原――検察の発想というのは都合の悪いものは切り離すんです。今回も同じです。ゴーン氏の事件を刑事司法一般の問題にしないために、逃亡した人間が何を言うのかという議論にしている。

神保――村木さん事件の直後、郷原さんが検察の在り方検討会議に入った頃は、検察は本当にヤバい状況にあった。特捜部廃止論まで声高に叫ばれていた。そこで検察は検事総長に本来の序列とは関係のない笠間治雄さんを持ってきた。そこで一旦、レールから外れた検察人事を元の序列に戻すのは、それはそれは大変なことだったそうです。それを懸命に政治に働きかけて、元に戻すことに貢献した一人が黒川さんだったという話も聞いたことがあります。

官僚組織、とりわけ検察はトップが本来の序列から変更になっただけで、それが地方の検事正の人事まで波及して、組織がガタガタになってしまう。検察はそのとき外れたレールを元の序列に戻すのに、長い年月と多大な犠牲を払ったそうです。

宮台――それを、ウェーバーにしたがって「官僚とは、序列の動物である」と言います。

神保――しかも、笠間検事総長の下で多少は改革が進むかと思ったら、結局、そうはなりませんでした。

郷原――残念だったのは笠間さんが検事総長だったときに、陸山会事件で虚偽の捜査報告書の問題が発生した調査をしなかったこと、責任を十分に問わなかったことです。

神保――田代政弘検事（当時）が小沢一郎さんの秘書に対する任意捜査を行った際に、実際の供述とは似ても似つかないようなまったくデタラメな調書を作成していたことがわかり、虚偽公文書作成及び行使罪で告発された事件ですね。田代さんは裁判では不起訴になりましたが、一応は懲戒処分を受け、その後、辞職しています。

郷原――あのとき、特捜部のしたことをあきらかにして処分していたら大きく変わっていた。それができなかったために、逆に、特捜に対して組織としての統制がきかなくなりました。ゴーン氏の事件も、リニア談合事件もそうです。ＩＲ（統合型リゾート、カジノ）にしても、今は政権批判の方向に向いていますが、どうしてしまったのかと思うほど危うい。統制がきかなくなっているんです。

信頼の消失

神保――市川さんは、とにかく早く自白を取れという上司のプレッシャーがすごかったと、とても真摯に話してくれました。マスコミや世論に加え、上司からのプレッシャーもある。特に出世欲旺盛な上司だと、部下は言われた通りに自白を取らないと自分の将来も危うくなる。

郷原――市川さんが告白した事件も特捜ではありませんが、検察の独自案件なんですね。地方で告訴・告発を受けて逮捕をすると判断したのは検察です。検察の独自案件。警察でいえば捜査二課案件、贈収賄とか経済関係犯罪。その特徴は、被害者がいないことです。捜査機関側の判断で、選別して事件にする。人が殺された、泥棒にあった、だから検挙をしないと犯罪者が野に放たれる、というのとは違います。

神保――その違いは大きい。

郷原――この決定的な違いが、世の中には伝わっていない。だから検察が、人質司法も日本の治安を維持するためには仕方がないと説明したら、おそらく多くの国民は今でも「まあ、そんなに急に変えなくても」と思いますよ。批判があるにしても、「そのかわり、冤罪はいけないからしっかりやってね」くらいの話になってしまう。でも、それと検察が検察のためにやっている人質司法は別だということを考えておかないといけない。

神保――「百人の罪人《つみびと》を放免するとも、一人の無辜《むこ》を刑するなかれ」という無罪推定の原則が日本では通用しない。おそらく、百人、千人の罪人がその辺をうろうろするくらいだったら、一人や二人くらいは無実の人が捕まっても仕方ないと考えている人が多いのではないか。そのことの怖さが十分理解されていない。

宮台――二つのことが言えます。まず、権力を警戒しない。もう一つは、「公《おおやけ》」というのは「お上＝神」のことだと思っている。後者は、前者とは違ったことを言っています。つまり、いわゆる西洋近代が持っている、自分以外の「知らない人々」のことを考える精神＝「公《おおやけ》」という概念が、日本には存在しない。それを考えるのは、自分たちじゃなく「お上＝神」なのだ、という発想です。

神保――日本でパブリックとか公《おおやけ》という言葉は、「政府」とか「自治体の」という意味で使われていることが多いですね。

無罪推定について言えば、百人の罪人を放免しても一人の無辜を刑してはならないのは、単に罪を犯していない人を罰するのが間違っているからとか、その人が可哀想だからではなく、権力を行使している主体が違うからということが、意外と日本で理解されていないことによく驚かされます。暴力団がいくら怖いと言っても、国家権力が暴走する怖さに比べたらそんなものは屁の突っ張りにもならない。国は合法的に人を殺すことができるし、人員も無限に調達できる。この点については、日本は統治権力による大虐殺や大弾圧のような悲劇を経験していないから、統治権力の本当の怖さを知らないと、よく言われます。これは仕方がないことなのでしょうか。

郷原——検察は全知全能の神ではありません。犯人だと思った人間がすべて犯人だということは不可能です。どうしても、犯人でない人間を逮捕したり、犯人を捕まえられなかったり、ということがある。そこを完璧にしようというのは無理です。その代わり無辜を罰しないことと、犯人をできるだけ検挙するという矛盾しかねない両方の努力を、どれだけぎりぎり尽くすか、ということではないでしょうか。

それなのに最近、特捜は自分たちのためにやっているように見える。そういう特捜が人質司法を武器として使っているところが最大の問題です。一般的に一人の無辜を刑するなかれという話と、特捜が扱っている事件は性格が違います。

神保——日本の捜査のあり方の問題点として、最初にシナリオを書いて、捜査官がそれにあてはまる証拠を集めてくる「シナリオ捜査」の問題がよく指摘されます。実際には捜査の過程でもともと描いたシナリオに沿わない証拠が上がってくることは往々にしてあると思いますが、そんな証拠を挙げてくる捜査官は日本では「お前は何を余計なことをしているんだ」と言われ、捜査の現場から遠ざけられてしまうと聞きます。本来はそういう捜査官こそが、警察や検察を救う可能性のある捜査官なんだと思うのですが。

郷原——意図的に冤罪を作りたいとは、検察の誰も思っていません。でもかなりのところまで公判が進んで、その人が犯人でないと警察のメンツが立たないということになったら別です。ところが、検察が独自に判断して行う特捜案件というのは、逮捕して以降は不利になる証拠は、検察のメンツがつぶれる方向にしか働かない。だから、証拠自体が塗り固められてしまう。信頼性がそれ自体、希薄なんです。

神保――私が取材した識者の中には、ゴーンさんが逃亡してくれたことで、検察や裁判所の中には実はほっと胸を撫で下ろしている人も多いのではないかという指摘をする人が結構いました。つまり、あのまま裁判になっていたら、本当にゴーンさんを有罪にできたのかについて、不安を抱いていた人が少なからずいたんですね。

しかし、ゴーンさんが逃亡してくれたおかげで、裁判に負ける心配もなくなったし、むしろ保釈基準の厳格化など、官僚の権限を強化する制度変更さえ可能になりそうなわけですから、これはまさに一挙両得だというわけです。

自白はデフォルト

宮台――ひとつだけ補足します。さきほど言った「お上は正しい」という発想は、やはり日本でもなくなっていくと思います。しかし短期的には、逆の側面もある。「百人の罪人を放免するとも、一人の無辜を刑するなかれ」という推定無罪の原則の背後にあるのは、明日はわが身という、ある種の連帯です。この連帯がどんどん崩れている。郷原さんが言われたように、特捜が特捜のために事件を作り上げていくという構図があったとしても、「だからどうした。自分はそんなことにならない」というふうに分断が進むほど、連帯に根差した共感が失われてしまうのです。実際にそうなりつつあるでしょう。

神保——アメリカだって、誰もがウェーバーや推定無罪の意味を正確に知っているわけではないと思います。むしろ、ウェーバーを読んでいる人の数は日本より少ないかもしれません。けれどもアメリカではそれなりにしっかりとしたリベラル教育を受けた人たちの分厚い層があって、司法が適正手続きから反れたりすると、彼らが黙っていません。一方、日本のその階層、つまりエリート階層には、むしろ「検察頑張ってくれ」と考えている人のほうが多いのではないでしょうか。

宮台——小室直樹先生はこうおっしゃっていました。日本が戦争にちゃんと負けていれば、統治権力は危険だということがわれわれの共通了解になった可能性がある。しかし、アメリカにおんぶにだっこで助けられたので、ドイツのように「ちゃんと負ける」ことができなかったと。

神保——結局、権力が暴走した結果、あの悲惨な戦争に引っぱり込まれたのではなく、戦争はとにかくひどいものだから、何があっても避けようという情緒とか感情の部分だけが残り、その思いが憲法第九条に結晶する形になって、少なくともつい最近までは日本の国是になっていたということですか。

宮台――丸山眞男が「作為の契機の不在」と言いましたが、統治権力がもたらす悲劇が自然災害と一緒みたいになってしまっているのです。こうした無知は、冷戦体制が深刻化する下でのアメリカの「日本を操り人形にする戦略」にとっても都合がよかった。いろいろな条件が重なって、われわれは戦争に「ちゃんと負ける」ことができなかったわけです。

神保――悲劇の共有という意味では、先の戦争以上の悲劇はありません。なのに、なぜか日本ではその悲劇が共有できなかった。そのような歴史的経緯を踏まえれば、各国には各国それぞれ独自の刑事司法制度があっていいという話にも一理はある。しかし、今日の韓国の司法制度は日本がその大元を作ったそうですが、今や韓国では取調べの可視化も実現されているし、弁護士の立ち会いもできるようになっていると聞きます。このことをわれわれはどう考えたらいいのでしょうか。

外国人と刑事司法の話をするとき、日本では取調べに弁護士の立ち会いができないことを説明すると、誰もがとても驚きます。警察官はともかく、検察官は司法試験に受かっている法律の専門家です。法律の専門家に対して、取り調べられる側は大抵は素人です。素人を法律の専門家が取り調べるのは、プロ野球選手の球を素人が打たなくてはいけないようなもので、彼らから見ると本来はありえないことなわけです。郷原さん、端的に、なぜ日本では国際的には当たり前になっている取調べに弁護士の立ち会いを認めることが、そんなに難しいんですか？

郷原――いろんな検察不祥事がありました。けれども、自白をさせて刑事事件を解決するという基本的な発想が変わっていないのです。

神保――弁護士が立ち会っていたら、そう簡単には自白しなくなると考えられているということですか。

郷原――本人が罪を認めていれば別ですが、そうでなければ、弁護士が立ち会っていたら基本的に自白はしません。だから、アメリカの場合、最初からあきらめているわけです。自白がさせられなくても仕方がない、と。ところが日本は自白するのが当たり前。自白しない人間は異端者です。だから、司法取引も「自己負罪型」が導入されない。

神保――今回、日本で司法取引が導入されましたが、捜査や公判に協力する代わりに刑を軽くしてもらう「捜査協力型」の取引しか導入されませんでした。自己負罪型の司法取引なら、罪が軽くなるなら自白してもいいという人が大量に出るので、弁護士の立ち会いも可能になるかもしれません。

郷原――そのような、バランスの悪い司法取引にした弊害が、ゴーン氏の事件で現れました。アメリカと決定的に違うのは、自己負罪型の司法取引が導入されなかったことです。自己負罪型は、取引が成立するとそれで結着するので透明なのです。

宮台――自分のことですからね。

郷原――ところが、捜査・公判協力型というのは他人に罪を負わせる。その他人が実際に処罰されるまで、どうなるかわからない。しかも、それが本当に犯罪なのかすらわからないわけです。全部検察官にゆだねるしかない。他人負罪型、捜査・公判協力型だけの司法取引というのは、かえって検察の不透明性を高めてしまいました。

宮台――自己負罪型の司法取引が正当化されるのは「航空機事故調査委員会スキーム」と呼ばれるものです。誰が過失を犯したかを問うより、どのようにして事故が起きたかという事実があきらかになることのほうが公共の利益になるという、ある種の功利主義的な立場ですね。

神保――自己負罪型の司法取引が導入されれば、自分の罪を認めている被疑者の裁判が大幅に効率化します。アメリカでは自己負罪型の司法取引が成立している裁判では、被告が縦一列に裁判官の前に並び、ベルトコンベアーに載せられたように次々と判決が言い渡されていきます。取引によってあらかじめ判決が決まっているわけですから、あらためて審理することは何もないわけです。

宮台――刑務所の収容量《キャパシティ》から考えても効率的なのです。

神保――法制審議会の新時代の刑事司法制度特別部会で、刑訴法の改正に際して司法取引のあり方が議論されましたが、そこでは自己負罪型の司法取引によって、自分の罪を認めれば自分の罪を軽くしてもらうというのは、日本の国民性には馴染まないという理由から導入が却下されてしまいました。日本の国民性に自己負罪型は馴染まないのに、他者負罪型、つまり捜査協力型はなぜ馴染むと考えるのかもぜひ知りたいところです。自分自身の罪を軽くしてもらうために罪を認める取引は問題だが、仲間を売る取引なら日本の国民性に合致するとなると、日本の国民性ってやばくないですか。

郷原――繰り返しになりますが、日本では自白するのは当たり前です。だから、当たり前のことをしてなぜ罪を軽くしなくてはいけないのか、ということなんですよ。

宮台――郷原さんは検察の中にいた方なので、僕らがびっくりするような洞察《インサイト》をされますよね。

郷原――検察の経験を持っていて、今はその外にいるから、客観化できるだけです。中にいたらわからないですよ。

神保――検察にいたのに、いま刑事弁護をして、そういう検察を相手にされているわけですが、率直に言って、裁判で検察と対峙《たいじ》するのはどんな気分ですか?

郷原――組織としての検察の劣化は惨憺たるものです。もちろん、われわれの時代だって、能力的にはいろいろありました。でも、今の検察はあまりにサラリーマン的です。一人ひとりの個人が自分の考えをなくしてしまうと、検察全体の知恵がなくなってしまう。特に、特捜的な事件はまともな評価ができていると思えない。

神保――それが、今暴走しているわけですか。

郷原――窃盗や殺人をしてはいけないことは、もうわかっているわけです。ところがゴーン氏の事件のような場合は、さまざまな面からの評価が必要になってくる。その価値判断が正しくできない。能力が低下しているというより、今の時代に合っていない気がします。

宮台――堀江貴文さんの事件もそうでしたが、今回の日産の件も、特捜検察官に会計学の初歩的な知識でさえあるとは思えない。

神保――さらに、勾留期間が他の先進国と比べて異常に長い。韓国も長いですが、その代わり韓国では取調べは可視化されていて、弁護士の立ち会いを認められていると聞きます。日本の場合は、ゴーン氏だと四回逮捕を繰り返したので、一三〇日くらい起訴前勾留をしている。ひどいのは、金融商品取引法違反の容疑です。同じ罪なのに、期間を区切って二回に分けて逮捕することで二三×二で四六日までの勾留が可能になります。僕は個人的には日本以外ではアメリカの司法制度しか知りませんが、アメリカでは勾留期間が長くなると、自白しても裁判で自白の任意性が認められません。裁判で弁護側から、拷問の結果得られた自白だと主張されてしまうわけです。四日とか五日の勾留でもそうなるのに、二三日も勾留されたら、精神的にはどうなってしまうのか。そこで得られた自白は日本以外の先進国ではどこでも確実に無効になるはずです。

郷原――日本の場合は、検察が正義ですから。検察が犯罪者としている者は勾留の長期化もやむを得ないという発想になる。前提が違うわけです。

神保――でも保釈すべきかどうかを最終的に決めるのは裁判所です。今回、裁判所がゴーン氏の保釈を認めました。検察はそれに対して準抗告をしているので、裁判所のその決定を承服していなかったようです。

郷原――とにかく、裁判所にプレッシャーをかけて保釈を認めさせないようにした。産経新聞が、全然違う二つの問題を一緒にして報じています。今までの人質司法というのは、罪証隠滅の恐れがあるから、否認している被疑者が長く勾留されてきました。しかし、今回問題になっているのは逃亡です。逃亡は、これまで検察もそれほど気にしてこなかった。それをあたかも保釈全体の問題であるかのように言い立てて、だから保釈を認めるなというのは議論のすり替えです。

神保――でも、基本的には日本の法律の下では権利保釈というものがあって、特別な条件がある場合以外は保釈しなくてはならないことになっているはずですよね。

宮台――法律上は、特別な事情がない限りは、保釈がデフォルトです。

郷原――日本の場合は、否認していると、罪証隠滅の恐れがあるからという理由でデフォルトから外れてしまう。それが、これまでの人質司法だった。

神保――ゴーン氏個人を好きか嫌いかとは別に、司法の問題はきちんと論じておく必要があると思います。僕がなぜこの問題にこだわるかというと、正義《ジャスティス》、あるいは司法制度が公正《フェア》でないと、社会全体がフェアにならないと感じるからです。世の中にはいろいろアンフェアなことがあるけれど、最後の最後は出るところに出れば、刑事司法制度の下でフェアネスが守られると信じれるかどうかによって、社会の公正さが変わってくるように思えてなりません。

宮台――わかります。ただ今は、教育行政だろうが経済行政だろうが、公正も正義も期待できない状況です。だからこそ、まず「法の番人」であるはずの検察を何とかしなければならない。だが、どこもかしこもゆるんでいるのと同じように、検察もゆるんでいる。それが、郷原さんがおっしゃった人材的な劣化の本質です。これを変えるのは、普通に思われているより簡単ではない。何十年もかかる、広い意味での教育の問題だからです。

神保――この問題は、司法だけでなく社会全体に及んでいるということですね。

《インタビュー》
脱走直前にゴーンが語ったこと
（二〇二〇年一月二〇日収録）

五回にわたる、ゴーン氏との対話

神保　郷原さんが、国外脱出するまでゴーン氏と何度も会って本を書く予定だったのには、そもそもどのような経緯があったのでしょうか。

郷原　私はゴーン氏の逮捕以降、検察に対して批判的に事件を論評してきました。ただ、その前提となっている情報は、ほとんどマスコミが報道してきたものでした。つまり、検察がリークしたものだということです。だから、この事件をゴーン氏の話に基づいてしっかり考えたい、それを自分の見方と合わせて一冊にまとめたいと考えました。二〇一九年の一一月から一二月にかけて計五回、一〇時間以上にわたって話を聞きました。

神保　これまで出ている情報が正しいとすれば、ゴーン氏は一二月の二九日に部屋を出て三一日早朝にはベイルートに入ったことになっています。最後に会われたのはいつですか？

郷原　二七日の午後です。

神保　逃亡の二日前ですね。そのときは、すでに今回の計画が決行されることになっていたと考えられます。どんな様子でしたか？

郷原　全くそういう気配はありませんでした。ただ今になってみると、最後の頃は、答えがはかばかしくなかったような気はします。ただ、質問の内容がそれまでとは少し違ったので、そのせいだと思っていました。まさか海外への逃亡を計画しているとは思いませんでした。

神保　この脱出計画は失敗した場合のことを考えると、かなりリスクもあったわけです。それでもあえて決行したのはなぜだったと思いますか？

郷原　逃亡後のゴーン氏とテレビ電話で話したとき、最大の理由は公判のスケジュールのことでした。私にもこのことに対する不満は何度も言ってました。もともと二〇二〇年の九月に、二つ目の特別背任の公判が始まるはずでした。

神保　四月に金融商品取引法違反（有価証券報告書の虚偽記載）が始まって、九月からは会社法違反（特別背任）の公判も始まる予定でした。

郷原　ところが、裁判官が突然意向を変えた。理由は検察に言われたからだと。二〇二一年から二二年まで延びてしまうことになります。

神保　それまで特別背任のほうの公判は始まらないことになってしまった。これもまた、ゴーンさんを追い込むための検察の策略としか思えないんですけど。そにかく、そう決まってしまったわけですね。

郷原　一年も二年も先になる。それ自体、公判における刑事司法の基本的な原則が全く守られていない、そこに大きな失望を感じた。その間ずっと、奥さん息子さんとの面会ができません。実際には、検察の立証が終わるまでですよね。

神保　裁判が始まってもすぐには会えないかもしれない。

郷原　後に彼とはスカイプで話をする機会がありましたが、そのとき彼は、それが出国を決意した理由だと言っていました。

神保　自分が刑事被告人として難しい裁判を抱えている上に、家族と二年三年、ヘタをするとそれ以上会えないかもしれないのはきついでしょうね。それが決まったのはいつですか？

郷原　時期は答えませんでした。

神保　ゴーン氏は、自分が逮捕されたことを陰謀と言っていますが、それは誰によるどういう陰謀ということなのでしょうか。

郷原　これは弁護人の予定主張記載書面にも書いてあることですが、今回の自分の逮捕の背景にはルノーと日産との統合の問題があった、と言っています。それぞれの立場の、国や会社がどう考えていたか。フランス政府は三社を統合させたがっていた。一方で日本側、日産側は受け付けない。

神保 それは完全統合のことですね。

郷原 はい、そうです。ゴーン氏も日産に来たときから、完全統合すべきでないとずっと言っていました。しかし、ルノーは日産の四四%の株式を持っている。日産はルノーの一五%、三菱自動車の三四%の株式を持っている。特に日産ルノーは、それを今後も継続していかないといけない。ゴーン氏が強調していたのは「自分は、もう年齢も六五歳近いし、いずれいなくなる。自分がいなくなってもアライアンスがしっかり継続できるということをフランス政府、ルノーの側も望んでいた」ということですね。彼自身もアライアンスが継続していくことは日産にとっても必ずプラスになるんだと確信があった。そこで、彼が何を考えていたかというと持株会社方式なんですね。

神保 ホールディングカンパニーを作ると。

郷原 ホールディングカンパニーが三社の株を保有して、株式はパリと東京の証券取引所で同じ株式銘柄として出す。ホールディングスはルノー株主五〇%、日産株主五〇%。役員は一〇人で日産取締役会から三名、ルノー取締役会から三名、それぞれ三名ずつ推薦し残りは独立した立場にすると。

神保 それだと対等ですね。

郷原 ホールディングスの役員会からの指令はあくまで業績次第で、業績がよければそのままの体制で、問題があれば各社の役員が責任を問われる、という考えだった。ところがこれに対して、日産側は難色を示していた。というのも、ホールディング方式だと、日産は単独の日産という会社としての株式がなくなってしまう。

神保 そうなると、そもそもホールディングの名称がどうなるかも重要になってきますね。

郷原 ですから、日産の日本人役員がそれに対して反対していた。では、どういう方向に持って行こうとしていたかと言うと、日産の日本人役員は持株会社ではなく財団のようなものの設立を提案していた。財団形式の場合は、三社の持っている株式をすべて財団に与える。それだと、各社とも独立した会社として株式銘柄は残るわけです。ただ、それに対してはフランス政府が強く反対していた。なぜなら財団が強大な力を持ち、しかも責任を取らされない。株主の代表として各社の取締役会がそれぞれ責任を負うことになる。

神保　財団では株式上場もできない、おそらく登記は日本で、しかも経産省の認可団体ということになるでしょうから、誰がそれをやりたがっているかということもある程度推測がつきます。結局、三者が目指しているものが違ったと。とはいえ、法人の中でいろいろ意見が対立することはよくあるでしょう。けれども、今回は飛行機の中まで警察が乗り込んできて逮捕されている。その点については、ゴーン氏は何か言っていましたか？

郷原　一つ言っていたのは、西川氏がＣＥＯをクビになるかもしれないと不安になったことが、事件の発端になったと思うということです。西川氏はハリ・ナダ氏と一緒に日産の経営を継続し、ゴーン氏、ケリー氏、ムニョス氏を追い払うという絵を描いたんだろう。だからケリー氏には司法取引のオファーは何もなく、ムニョス氏は自分が逮捕されたのちにすぐに会社を追われるということになった、と。

神保　なるほど、ハリ・ナダ氏は今回の司法取引の対象になっている二人のうちの一人ですね。

郷原　朝日新聞の報道では、西川氏はゴーン氏の逮捕の一ヶ月ぐらい前に、初めて不正調査を知ったということです。それについてどう思うか聞きました。彼は、もしそうだとするとよほどの後ろ盾がいたのだろう、と言っていました。

神保　会社のトップの不正に対する調査が、もう一人のトップであるＣＥＯが知らないところで極秘に行われていたわけですからね。

郷原 会長のゴーン氏も、代表取締役のケリー氏も知らないわけです。それ以外の人は、自分の判断で不正調査をできるような度胸を持った人たちではない。政府や検察が後ろ盾だったのではないか、だから西川氏が知らない間に調査が行われていたのだろうと推測していました。

神保 そうすると西川氏も、自分の立場に不安があったので、それに乗ってしまったと。

郷原 それも一つの背景になったのではないか、と。私に話していたのはその程度です。

政権の関与は?

神保 ゴーン氏は会見では、豊田正和社外取締役が元経産省の審議官なので、経産省とのリンクになっていたと、言っていました。それから、今津(英敏、監査役)さん、川口(均、副社長)さんが官邸に話を持ち込んだと。一方、官邸側、経産省側では具体的な名前は出ていません。その話はゴーン氏からはなかったわけですね?

郷原 それはなかったですね。

神保 この後、郷原さんのインタビューがもし実現していれば名前が出ていたかもしれませんが、それは出ていない?

郷原 聞いていません。

神保 一方で東京地検特捜部が政府の意向を全く聞かずにこれだけの事件を仕掛けるというのも考えにくくないですか?

郷原 そうですね。本当にこれは誰が見ても重大かつ悪質な犯罪だから放っておけない、という犯罪で逮捕したと言うならわかるんです。しかし、そうではない。その程度のことでいきなり逮捕したということであれば、別の動機があったのではないか。そこはゴーン氏も言っています。そもそも自分を逮捕した根拠が薄弱だと。確かに、まだ払われてもいない報酬の開示の問題ですからね。

神保　検察が金商法で、五年と三年の二回に分けて勾留延長をしようとしたら、二回目の勾留請求が却下された。それで慌ててもう一つの逮捕を持ってきたのが特別背任だった。会計評論家の細野祐二さんは、こちらもかなり無理筋だと言ってました。

郷原　新生銀行のスワップの付け替えです。これも損害が発生していない。特別背任といっても形式的です。

神保　実害が発生していない特別背任というのはかなり強引です。当時、勾留中だったゴーン氏にはそういう認識はあったんでしょうか。

郷原　そこを聞きたかったわけです。最後の日、それぞれの場面、起訴、逮捕、勾留、延長請求が却下された場面、再逮捕をどう受け止めたのか。しかし、何かあまり反応がなかったんです。一番印象に残っている場面ではないかと思ったのですが。言葉の問題もあるし、こちらの意図が伝わっていなかったのではないかと思っていたのですが、今から思うとそのときは、心ここにあらずということだったのかもしれない。

神保　二日後に決行ですからね。いろいろ準備もあったでしょう。でも、郷原さんの前では一切その素振りは見せなかったのですね。

郷原　そのインタビューをしていた場所は、犬塚さんという元参議院議員の自宅でした。

神保　ゴーン氏の家ではなく、犬塚さんのところだったんですね。

郷原　それ以外の場所では、ゴーン氏とは会ったことはありません。

神保　ゴーン氏がそれぞれの事件について、どういう説明をしていたのかを少し詳しく伺います。大きく分けて金商法、特別背任があります。結局、退任後にもらうことが確定的だったのにそれを記載しなかったという容疑ですが、それについてゴーン氏はどんな説明をされていたんですか？

郷原　「報酬額は私が自主的に制限して、減らしたんだ」と。誰もそうしろとは言っていない。一〇億円を超えないようにした。日本で最も高額な給与を得ているという批判があったので、説明に時間を費やしたくなかったからだ。検察は「本当は、もっと欲しかったのだろう」と言うが、自動車業界でもっともらっている人はいるので、それについて、否定はしない。しかし、あくまで弁護士などがきちんと検討した方法で受け取ろうとしていた。違法なやり方をするつもりは全くなかった。自分がその年度に受け取っていたお金は、開示されていた一〇億円未満の金額だけだ、というのが彼の主張です。

神保　口約束だけだと、業績が悪くなったらもらえないかもしれないというのはその通りですが、覚書が残っていたのではないですか。

郷原　それは、ちょっと別の話なんですね。ゴーン氏の主張では、その年その年の、本来の市場価値に基づいて考えると、本来これだけもらえるはずなのだ、そういう金額を計算していた。その書類は秘書室長が作ったものだったようです。

神保　評価額みたいなものですね。

郷原　それに自分は署名していただけで、具体的にもらうことについては、西川・ケリー間でいろいろやっていた、そうすることで、自分を日産に引き止めようとしていたようだ、と。彼自身は、そこには署名も何もしていないと。

神保　実際にもらっていないゴーン氏が逮捕されて、もらっていた西川さんが逮捕されていないことについてゴーン氏は何か言っていましたか。

郷原　そうした話も、どこかで出ていたかもしれません。ですが、金商法違反のことについて聞いていた場面では、特に言っていませんでした。

神保　金商法についてのゴーン氏の説明は、それに尽きるわけですね。

郷原　二〇〇八年にGMからオファーがあったときは、概ね二〇億だった。オバマ大統領が間に入っていた、と。どうして断ったのかと聞きました。すると、リーマンショックの最中で日産を捨てて逃げることはできないと考えた、と。それなのに今の日産は、金融危機でもなんでもないのに三人体制でやると言っておきながら三ヶ月もしないうちに一人いなくなっている。あのときGMのオファーを断ったのは、今から思えば全く誤りだった、と。

神保　特別背任についてはどうですか?

郷原　そこは年が明けてから聞こうと思っていたので、あまり聞けていませんでした。予定主張記載書面が弁護団から記載されているので、基本的には今言ったような主張だということでしょう。

神保　もし裁判になっていたら、どうなっていたと思いますか。

郷原　少なくとも金商法違反については、無罪の可能性が高かったのではないかと私は思います。ゴーン氏も会見で言っていましたが、東大の田中亘教授も、未払いの役員報酬を開示しなかったということで逮捕したというのは日本の恥だとまで言っていた。

神保　もしこれが無罪だと影響も大きいですよね。

郷原　その通りです。ゴーン氏も、もちろんすべてが本音で語っているのではないかもしれない。例えば、なぜ報酬を一〇億円以下にすることにしたのか、そこはひとつ疑問な点ではあるわけです。

神保　やはり、日本の世論を気にしていたということなんですか?

郷原　そこが私はわからないんですよ。日本の世論を気にするような人ではないのではないでしょうか。

神保　僕もそう思いました。

郷原　報酬の妥当性について煩わされるのが嫌だったというのですが、そんなことを考えるのかなと、私は何回も聞いたんです。でも、それについてのゴーン氏の答えは先ほどの通りでした。

神保　日産の社内の目も多少は気にしていたかもしれませんね。

郷原　結局、本人も言っているように、おそらく退任後に、別の形で市場価値に見合うものを日産から受け取ろうという気持ちはあったのではないでしょうか。市場価値としては、これだけの金額だという確信を持っていたかもしれません。確定ではないかもしれないけれども、その約半分をもらい、あとはなんとか西川氏やケリー氏が段取りしてくれるだろう、と。しかし、もらってもいない時点で役員報酬額として開示しろというのは、ちょっと無理です。ですから、主張としてはいろいろあるけれども、私はこの点については無罪になる可能性は高かったと思います。

神保　万が一もらえないことになった場合、その年の有価証券報告書にはどういう記載をすることになるんですか？

郷原　どうなるんですかね。そもそも、記載する義務がないでしょう。もらっていないものも含めて合算して開示するということ自体がちょっと考えられない。

神保　では、特別背任のほうはどうですか？

郷原　こちらは、おそらく最終的に有罪か無罪かということよりも、一体いつになったら終わるのかという問題だったと思います。結局ゴーン氏が絶望したのは、三年ぐらい経たないと始まらず、そこからまた複数の裁判があるということです。

神保　しかも通訳を介しての裁判ですからね。

郷原　ゴーン氏の予定記帳書面を見ている限りでは、犯罪の嫌疑自体がないのではないかという主張です。おそらく検察は、日産側の供述で何とかしてサウジアラビアのハリド・ジュファリ氏とか、オマーンのスヘイル・バウワン・オートモービルズ（SBA）側の供述がないことをカバーして、それなりの疑いみたいなものは生じさせようとはしている。そうすると、最終的にはサウジアラビアやオマーン側の話を確かめないと白か黒かはっきりしないということになる。ところが、では日本に来て証言してもらえるかと言えば、来ないですよね。

神保　逮捕されるかもしれませんし。

郷原　そうすると、一番肝心なところがわからないまま何年も経ってしまう可能性がある。検察は、海外に逃げるから保釈すべきではないと言っていたわけです。そうだとすると、裁判の間はずっと東京拘置所に入っていなければならないことになる。そう考えると、特別背任のほうは有罪か無罪かというより、それ以前の話ではないでしょうか。

神保　そうなると、していなくても認めて出所したほうがいいという話もあり得るわけですよね。逆に言うと、ゴーン氏が逃げてくれたおかげで、検察としてもいつ終わるかもわからない公判を回避できた。

郷原　それは検察にとって、ある意味では救われたとすら言えるのかもしれません。

東京の異邦人

神保　海外の報道を見ると、日本の司法がゴーン氏に対してここまで厳しく対応をしたひとつの背景として、ゴーン氏によって日本のナショナルプライドが傷つけられたからではないかというタイプのものがあります。つまり、日産という日本を代表する自動車産業の一翼が、海外の助けを借りなければ破綻してしまう状況にあった。それが、外国人の経営者の手でV字回復した、その過程で生じた、日本的な経営の考え方と欧米的なドライなやり方との摩擦が根底にあり、検察が入ってきたことによって、溜まっていた怨念のようなものが一気に吹き出てきたのではないか、と。

ゴーン氏は、日本的経営のスタイルとか日本人のメンタリティについて何か言っていませんでしたか。

郷原　それは端々で言っていました。自分が抜本的な改革をしてきたことに対して、あらゆるところで反対があった。フランス、ブラジル、レバノンといろんな国籍を持っている、どこの馬の骨かわからない人間が入り込んできて勝手なことをやっているという反発が強かった。今回の統合に関しても、そういう旧来の考え方にとらわれて合理的な発想ができなかった、というのがゴーン氏側の見方です。ただそれは、ぬるま湯的な現状維持の考え方の人たちが目先のことを考えて嫌なものを拒否しようとしたということであって、ナショナルプライドというような見方をしているという感じはなかったですね。

神保　ただ、先ほどの三つの選択肢を考えたときに、財団と言うともっともらしいけれども、要するに純潔主義でいきたいという話なんですよね。

郷原　それは、そうですね。

神保　要するに外国企業の傘下に入りたくない、パートナーシップなんて結びたくない、もし結んでしまうと、外国のやり方を受け入れなければならないし、いろいろなことを我慢しなければならない。これまで日産は長いこと我慢させられてきた。でも今は業績も、一九九九年に比べれば回復している。だから、もうこれ以上我慢したくない。ナショナルプライドとは言わないまでも、ある種、排外主義的な昨今の日本の雰囲気については何か話していましたか。

郷原　そういう話はしていませんでした。けれども、差別的だということは言っていました。その意味では今回起きたことに関しても、まさに自分が外国人の経営者だから、という考え方があったという思いはあるでしょうね。

神保　日本人の経営者だったら検察まで引っ張りださなくても、他に方法があったということかもしれませんが。

第二章

こうして私は冤罪をでっちあげた

弁護士・元検察官

市川寛

1965年神奈川県生まれ。中央大学法学部卒。1990年司法試験合格。1993年検事任官。2000年佐賀地検に三席検事として勤務し、佐賀市農協背任事件の主任検事を務める。同事件の被疑者に不当な取調べを行ったことについて法廷で証言し、マスコミに取り上げられる。その後、同被告人は無罪となった。2005年検事辞職。2007年弁護士登録。著書に『検事失格』（新潮文庫）。

神保哲生×宮台真司

2012年11月17日配信

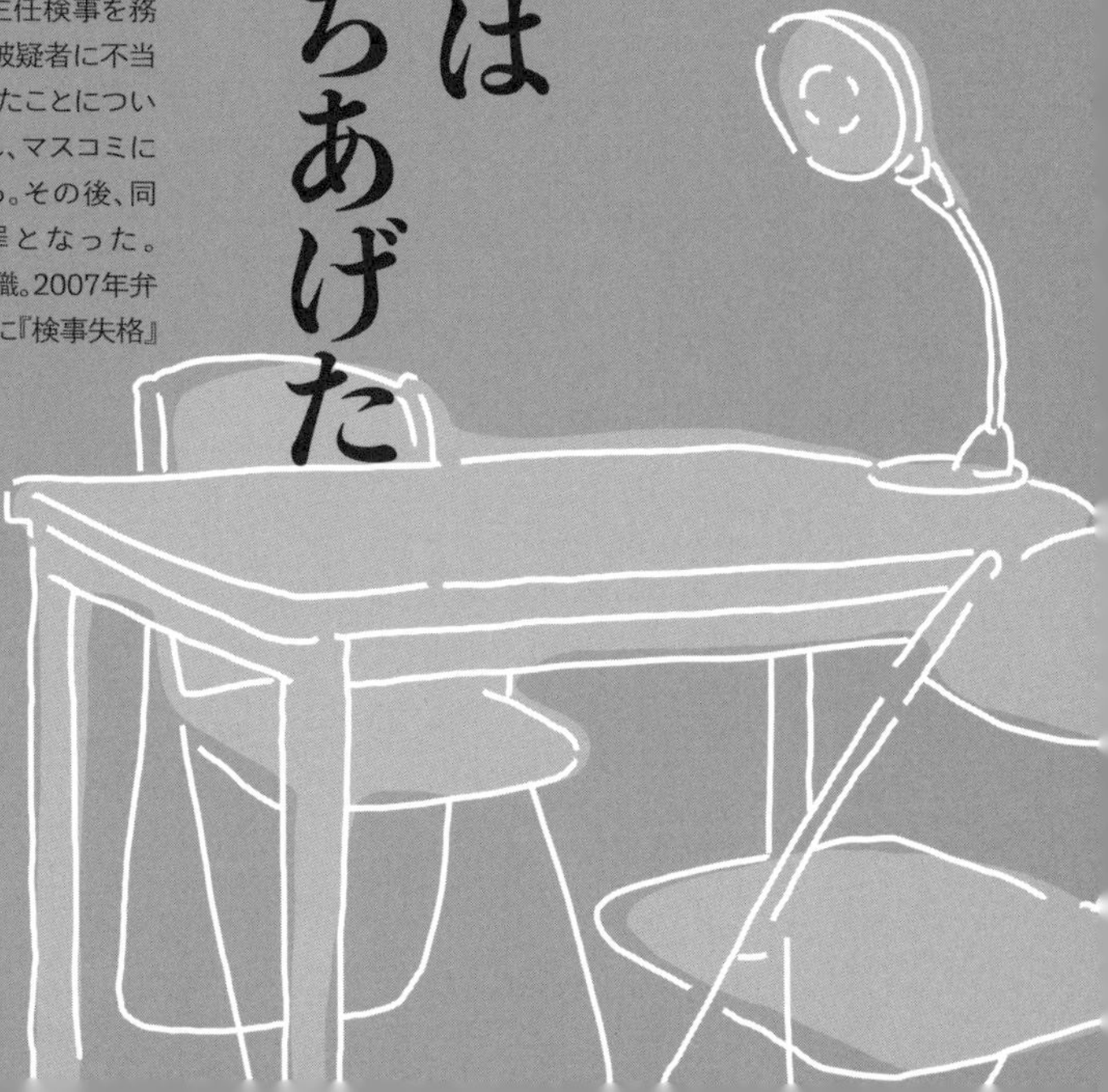

「無罪」と書ける検事になりたかった

神保――今回のゲストは元検事で、現在は弁護士の市川寛さんです。市川さんが出された『検事失格』という著書の帯にはこう書かれています。「私はこうして冤罪をつくりました」。
　市川さんは二〇〇一年、検事として「佐賀市農協背任事件」（＊1）と呼ばれる事件で、被疑者の農協の組合長さんの取調べを担当し、彼に実際にはやっていないことを「やった」と言わせた上で、嘘の自白調書を書いたことをこの本の中で告白しています。しかも市川さんはそれを、この事件の裁判の法廷で自ら進んで証言しています。
　嘘の自白調書を書いたことを法廷で告白したのは、現職の検事のときですか？

市川――法廷で証言したときは現職でした。

神保――担当検事なのに被告側の証人だったのですか？

市川――いいえ。検察側の証人として、かつ検察官の尋問に対して証言しました。

神保――へえー。検察側の証人、しかも検察官の尋問に対して、現職の担当検事が検察に不利になる証言をしたんですか。検察は市川さんがそういう証言をされることを予想していなかったのですか？

市川――予想済みでした。

神保――ええっ。ということは、検察は自白調書が嘘だったことを認めるつもりだったのでしょうか？

市川――上層部が何を考えていたか、私にはわかりません。ただ、私がどういう証言をするかということを、福岡高検（福岡高等検察庁）は了解していたようです。私を尋問した検事から、そう聞きました。「了解」の意味が何なのかは、いまもってわかりませんが。

神保――担当の検事が、法廷の場で、被疑者を脅して嘘の自白調書を作ったことを自ら証言するというのは、恐らく前代未聞のことではないでしょうか。

市川――それについては、何とも言いにくいところではあるのですが……。

神保――もともと市川さんは、当たり前のように「無罪」と書ける検事になりたかったんですよね？「不起訴」ではなく「無罪」と書くためには、起訴をして捜査をしてみた結果、これは無罪だったことがわかったということを認めるという意味になるので、起訴したことが間違っていたことを認めることになる。大変な勇気が要りますよね。

市川――きれいごとに聞こえるかもしれませんが、そうですね。

神保――だけど、いざ中に入ってみると、それとは全く逆の論理が検察を支配していた？

市川――そうです。

（＊1）佐賀市農協背任事件　佐賀市内の業者に対して担保価値を過大評価して、不正な融資を行ったとして、佐賀市農協の組合長らが背任容疑などで逮捕・起訴された事件。

神保――この事件の後にも、検察の組織内でいろいろな「改革」が行われたことになっていますが、結局は何も変わらなかった。問題の本質は、日本の検察が強すぎて、誰も検察にメスを入れることができないということではないでしょうか。

宮台――外からの視線がないところでは、新しい処置には必ず、骨抜きや制限が生じる。できるだけ現状が変わらないような方向へと力が働く。

神保――本来、検察庁を指揮・監督するのは内閣の機能です。だけど、叩けば埃が出るような政治家には検察機構の中に手を突っ込む検察改革なんて、とてもではないが恐くてできない。その意味で政治の責任は重いですね。

市川さんはこの事件を担当する主任検事だったんですよね。

市川――はい。端的に言えば、これは「不正融資事件」です。佐賀市農協がある組合員に約一億円の融資をするに当たり、担保価値を上回る融資をしてしまった。その組合員は自分の不動産を担保にしていましたが、融資額に対して足りないものでした。融資に当たって農協が不動産の価値の水増し評価をしたわけです。

神保――そこで、検察は農協の組合長をはじめとする幹部たちが組織ぐるみで不正融資をしていたというシナリオを描いたのですね。

市川――そうです。さらに有り体《てい》に言うと、とにかく組合長を逮捕したかったということです。この事件の内偵捜査をしていた当時の次席検事によれば、本当はその先の組合長とつながりがある地方議会議員のところまで行きたかったわけです。その前提として、組合長を逮捕したかった。それだけでしたね。

神保――やっぱり検察にとってはサンズイ（汚職事件）が一番美味しいんですね。個々の検事にとってはそれが出世の近道になるし、何よりも、それをやれば検察の存在価値が社会に認められると思い込んでいるところがありますから。

わかっていても止められない

神保――この事件を担当したのは佐賀地方検察庁（佐賀地検）です。警察が着手した上で検察に回すのではなく、最初から佐賀地検がやっている。佐賀地検には特別捜査部（特捜部）がありませんから、独自捜査だったのですね。

市川――そうです。

神保――検察が、警察から送検された事件ではなく、最初から独自に捜査する事件というのは多いのですか？

市川――検察官には捜査をする権限があります。ですが、少なくとも当時の佐賀地検のような、私を含めて四人のヒラ検事しかいない、副検事を入れてもせいぜい一〇人くらいの小さな地方検察庁が独自捜査をするのは、人手不足のため相当な困難を伴います。ただ、大都市にある東京地検や大阪地検の特捜部で然るべき立場になる人の多くは、若い頃、地方の小さな地検で独自捜査をした経験を持っていると聞きます。だから、小さいところでも独自捜査をすることはある。ただ、数として多いとは言えないと思います。

神保——この事件も、地域の農協の利権構造に斬り込んだということになれば、検察にとってはお手柄になるわけですか。

市川——そうかもしれません。検察の中で選ばれて特捜部に取り立てられ、さらに部長や副部長になる人は、検事になって三〜五年目くらいにそのような経験をおおむね積んでいます。そうして捜査能力があると評価されるのではないでしょうか。

神保——このとき、市川さんは佐賀地検の中でナンバー3だった？

市川——そうです。検事になって八年目でした。

神保——ナンバー3ということは、その上に検事正と次席検事がいて、あとは若手ですね？　市川さんが八年目ということは、あとの検事たちはいずれも八年未満の経験しかなかった。

市川——そうです。

神保——この捜査は次席検事の主導で進められたようですね。冤罪はどのように作られていったのでしょうか？

市川——準備不足の一言に尽きます。裁判所もこの事件で不正融資があったことは認めてくれました。

ただ、事件の焦点は誰が不正融資を考え、決裁をしたのかというところにあるんです。つまり、最終的に誰が融資にゴーサインを出したのか。ですから、この事件は、その犯人探しの事件といえます。

ただ、捜査をした時点で、すでに融資から五年近くが経っていました。背任罪の時効は五年です。だからこの事件は、背任罪の時効完成間際の事件です。そのために関係者の記憶も薄れ、証拠書類もどこまで残っているかわからない。それなのに、拙速に強制捜査を行ってしまった。いろいろな捜索や押収を行いましたが、証拠の分析も不十分なまま被疑者の方々を逮捕した。過激な捜査です。準備をしていないのに暴走しました。正直、自分でも何が何だかわかりませんでした。

神保――当時の報道を見ると、地方の農協を舞台にしたよくある不正融資事件として扱われていますね。「佐賀市農協を強制捜査」「理事・部長ら三人逮捕」という見出しが躍っていますが、例によって、記者クラブの記者が書いた記事の内容は検察側のリークをそのまま垂れ流しているだけで、反証などが行われた形跡は見当たりません。これは検察にぶら下がっているだけの記者クラブ・メディアの問題ですが、見出しを読んでも、そこに書かれていることが検察側の一方的な主張にすぎないということは一般の読者にはわかりません。さらに、記事本文を読んでみても、例によって、被疑者は完全に犯人扱いされていて、逮捕段階ですでに有罪が確定しているかのような内容になっています。

市川さんにぜひ伺っておきたいのは、この事件の捜査だけが例外的におかしなものだったのか、それとも検察内ではこんなずさんな捜査がちょっちゅう行われているのかということです。結局この事件では、市川さんが虚偽の自白に追い込んだ佐賀市農協の元組合長さんは、その後、市川さんの法廷証言もあり無罪、農協の元金融部長だけが有罪になっていますね。

市川――元金融部長は公判でも認めたので有罪になりました。ただ、私が言うのはおかしいのですが、真相はわかりません。

神保――市川さんは、組合長の自白調書を取ることができたわけですよね？

市川――取りました。

神保――市川さんは本の中でそのときのことを、「検事として死んだ瞬間だった」と書いています。若い市川検事が、ずっと年配の組合長さんに「殺すぞ」などという暴言を浴びせ、否認を貫いていた組合長に最後は「やりました」と言わせ、調書に署名もさせることに成功している。もし裁判中に市川さんがカミングアウトしなければ、組合長は有罪になったと思いますか？

市川――裁判で組合長の自白調書が採用されたら、有罪になった可能性はあります。きれいな自白調書をでっち上げましたから。

神保――しかし、組合長が捜査の違法性を主張し、市川さんが自らそれを認めたことで、こと組合長については冤罪にならずに済んだ。でも、実際には市川さんが組合長さんに暴言を浴びせている映像や録音などの証拠は何もないわけだから、検察側は「組合長が勝手に言っているだけだ」で押し通すこともできた。密室での取調べだから、市川さんが認めさえしなければ、真実がどうだったのかは誰にもわかりませんよね。

市川――そうですね。

出世欲と功名心

宮台――僕の疑問は、検察という組織の中に、見立て通りに調書を作ろうとする意識があるとすれば、その動機はどこから出てくるのか、ということです。ときには政治家まで、見立て通りに有罪にしようとする。さかのぼると、最初のきっかけは、一体何だったのでしょう？

市川――検察には過去に大型疑獄事件を手がけた成功体験があるんだと思います。特に、一九七六年のロッキード事件がそうだったのではないでしょうか。元総理大臣の田中角栄氏を逮捕して起訴し、公判の途中で本人が亡くなることで終わりましたが、あの事件で検察は有罪判決を得た。これが、戦後の検察における最大の成功体験になったと思います。マスコミも田中元首相のことを書き立て、東京地検特捜部は日本最強の捜査機関と表現されていましたから。しかし、それが逆に、その後の検察にとって足かせになっていった可能性はあります。

やはり特捜部に入るというのは出世ルートの一つです。検察の出世ルートには、法務省に行くルートと、現場に行く特捜部ルートがあります。特捜部ルートに入りたい人は、中央、つまり東京にいる人の目に留まらなければならない。だから、そういった野心を持っている検事は、疑獄事件をやりたくなる。

ロッキード事件の後も、リクルート事件がありました。私が任官する直前です。特捜部が大なたを振るえば、それに対する憧れのようなものが生まれ、疑獄事件が起きると特捜部に行きたいと思う検事が増える。そんな要素がいろいろ絡まって、引き金になっていくのではないでしょうか。

宮台――検察の特捜部は、マスコミも含めて世間の期待を背負っており、それゆえに世間の期待に応えることが手柄になり、実際に出世もできるということですね。

神保――検察庁のトップである検事総長になるには、東大法学部出身で法務省の中を上がっていく赤レンガ派と呼ばれるルートと、特捜部などで事件で手柄を立てながら出世していく現場派ルートの二つがあるそうですが、特に東大法学部出身ではない検事は、捜査畑で手柄を立てることが出世の必須条件になっている。現場派の検事がやたらと大型疑獄事件をやりたがる動機の少なくとも一端には、出世欲や功名心があることは周知の事実です。

市川――当時の佐賀地検の次席検事をことさらに悪く言うつもりはありませんが、少なくとも、佐賀市農協の事件を次席検事から命じられてやっているときの私は、そう思っていました。というのも、彼はこの事件の捜査を始めた翌年の四月に転勤することが決まっていた。だから、組合長はなんとしても年度内に起訴することになった。つまり事件には、時効の他に、内部のタイムリミットもあったんです。そんな事情もあって、当時の私は「次席は東京に攻め上るための何かが欲しいんだろうな」と思っていました。

神保――佐賀市農協の金融部長を有罪にしたくらいでは、検察内では評価されない？

市川――佐賀市農協は県内のトップ企業です。東京に置き換えれば、とんでもない大企業という感覚になります。そこに検察が乗り込むのですから、マスコミも沸き立ちます。また、検察には総理大臣まで捕まえられるんだという気概もあります。遠回しな言い方になりますが、金融部長止まりでは、おそらく新聞には「真相解明不十分」などと書かれたでしょう。私は、検察はそういうことにおびえてしまう組織だと思っています。

宮台――外部評価に敏感なことに加え、外部評価を上げることによって出世したいという功名心がとても強い。結果的に、「外部評価を前提にした組織内評価」がすべてを支配する組織なんですね。

神保――法律によって警察は違法行為をすべて捜査しなくてはなりませんが、検察は捜査する事件を自ら選ぶことが認められていますよね。

市川――そうです。

神保――だから、検察としては、できるだけ大きな事件を扱いたい。検察がやる以上は、金融部長くらいでは済まない。せめて組合長くらいは挙げなくてはならない、いや、できれば議員まで行きたい、となるわけですね。

市川――ここまでの独自捜査を行ったのは、佐賀地検の歴史始まって以来だと言われた記憶がありま す。だからなおさら、組合長まで捜査を進めないわけにはいかなかったのだと思います。

上司が書き、部下が署名する

市川――佐賀市農協などを捜索する強制捜査の前日、私はそのとき初めて次席検事から「君が主任検事だ」と指名されたんです。強制捜査は裁判所から令状をもらわないとできません。だから、令状を得るための証拠が必要となります。そうした証拠を集めるために内偵捜査をやるわけです。しかし、私が「君が主任だ」と言われた日には、すでに裁判所から令状が出ていました。つまり、私は主任検事なのに内偵捜査を全く知らなかったんです。

すべての責任を負う主任検事であるにもかかわらず、何が何だかわからない。いきなり強制捜査。一つの部署が段ボール箱でいっぱいになるほどの資料を集めましたが、次席が異動になる翌年三月末までに捜査を終えるというタイムリミットがあったので、その大量の資料の分析は極めて不十分でした。

神保――そういう場合、他の地検からの応援などはないのですか？

市川――被疑者を逮捕した後、九州の他の地検から二人の検事が来ました。ただ、二人ともまだ検事になって三年目で、少し経験不足でした。証拠物の分析段階では、事務官も九州の他の地検から二人くらい来てもらった記憶があります。この事務官たちは掛け値なしに優秀な人たちだったのですが、時間がなければどうしようもありません。担保の水増し評価があったことは証拠分析からも辛うじてうかがえたのですが、誰が考えたのかがわからない。結果的に、共済部長が考えたということで起訴するのですが、さらに金融部長や組合長が絡んでいたかどうかまではよくわかりません。

不思議なのは、次席検事が私に証拠物の分析をさせなかったことです。主任検事である私に、「君は他の事件をやっていていい。この事件は、こっちでやっておくから」と言ったんです。証拠物の分析はどうも次席検事が事務官を使ってやっていたようでした。

神保――それなら次席検事が主任検事をやればよさそうなものを。次席は主任にはなれないのですか？

市川――そんなことはありません。非常にまれではありますが、小規模の地検では次席検事が主任検事になって、起訴状に署名することもあります。問題の融資について最終的な決裁文書あるいは稟議書が一枚出てきたのですが、ここに組合長の印鑑がありました。だから、次席は「これはいける」と。でもこれは、本当は乱暴なんです。どんな事情で押されたのかを考えていないのですから。極端な話、他人がハンコを押したかもしれない。農協の本部は大きな組織ですから、組合長は毎日、どれだけ多くの決裁をしているかわかりません。もしかしたら、事情を知らずに押してしまったのかもしれない。

神保――ハンコだけでは、組合長自身が水増しを認識していたかどうかはわからないですよね。

市川――そうなんです。私は「それはいくらなんでも」と思ったのですが、情けないことに上に逆らえなかった。それに、証拠を見ていないので反論する根拠もなかった。次席検事に対して面と向かって「それは変じゃないですか」とは言えず、結局止められなかったんです。

宮台――推測ですが、おそらく次席検事は市川さんに証拠物の分析をさせれば、「これは無理筋ですよ」と言われると思ったのでしょう。そうすると、次席検事は出世の道がなくなってしまう。だから、もしかしたら次席検事は、初めから冤罪覚悟で突っ走ったのではないか。

神保――僕もそう思いました。しかし次席検事は自分でやらずに、なぜ市川さんにやらせたのでしょう？　事件の見立てにかなりの無理があることがわかっていて、万が一後で問題になったときに、責任をなすり付けるために市川さんを引っ張り込んだとか？

市川――それはご本人に聞かないとわかりません。私が当時思っていたことを私へのお叱りを覚悟でそのまま表現すると、こうなります。「あの事件は次席が三席検事を指導してものにした」という組織的な評価を次席検事は狙った。これならうまくいけば評価されるし、失敗すれば「あれは市川がやった事件」と逃げられる。

神保――なるほど。リスクをヘッジしながら手柄は自分のものにする、ずるい作戦ですね。市川さんはそのとき、三席検事だったんですね。

市川――そうです。組織的に次席検事の次に位置する三番目なので、三席と言います。

神保――それで組合長の取調べは、三席検事であり主任検事である市川さんがやったのですね？

市川――はい。ちなみに組合長を逮捕する前に、金融部長、共済部長、組合員のお三方を逮捕しているのですが、その取調べは私はやっていません。このお三方が逮捕されたのは私が大阪地検に出張していたときで、次席検事の判断で逮捕して他の検事たちが取調べをしています。

神保――これもずいぶんとひどい調書だったようですね。そしてその後、組合長を逮捕した。しかし、組合長さんは身に覚えがないことなので、当然否認する。

市川――はい。組合長に水増しの認識はありませんでした。

神保――物証もなかったので、残るは自白しかないわけですね。

市川――この事件は本当に困った事件でした。そもそも証拠の分析が足りないので、何を言わせれば自白になるのかがわからない。おかしな言い方をすれば、証拠の分析をやっていた次席検事が「組合長はこう考えて謀議したはずだ」というところまででっち上げて指示してくれれば、私のような兵隊は動きやすい。しかし、そのような指示は何もない。そのため、私も応援に来た検事も五里霧中でした。

神保――もし組合長が水増しを承認していたとすれば、何か見返りをもらってないとおかしいですよね。それがないと、そのような不正を行う動機の説明がつかない。

市川――はい。それで私は取調べのとき、組合長に「弱みを握られているだろう」とか「キックバックがあったんだろう」と言ったのですが、組合長は「そんなことは絶対にありません」と烈火のごとく怒り出して、手詰まりでした。それでも、次席は自白をさせろというのですから。

神保――市川さんは「どんな手を使ってでも自白を取る」という検察の論理に従いつつも、「このやり方はおかしい」とも思っていた。それなのに、どうして最終的に検察の論理に傾いてしまったのですか？

市川――答えるのがとても難しい質問です。それについて、私は生涯考えなくてはいけないと思っています。組合長さんには本当に申し訳ないのですが、当時の私は、次席検事のやり方が気に入らないし、逆らえない自分も気に入らない。とにかく怒りで煮えたぎる毎日を過ごしていました。組合長は他の逮捕者たちから一〇日遅れて逮捕されていました。ですから、先に他の逮捕者たちを起訴した検事たちは、もうお役御免で、年度末の送別会で酒を飲んだりしていました。それで私だけひとりぼっちになっているという怒りもあった。要するに、貧乏くじを引かされたという心理です。とにかく腹が立っていました。組合長さんには本当に申し訳ないのですが、私は組合長さんに八つ当たりをして、非人間的な取調べをしてしまった。今ではそう思っています。

神保――年齢もずっと上の方ですよね。

市川――七〇歳を超えられていたと思います。証拠がないので、まともな追及ができない。だから、勢いで「これはどうなんだ！」と言うしかなかった。まるで兵隊が補給もないまま前線で戦っているようでした。次席からは毎日、毎日、「自白はまだか」と言われる。今思うと、そこで否認している内容の調書を取ってもよかったのかもしれませんが、それはできませんでした。ひどい話ですが、どうして自分が自白を取りに行ったのか、私にも正直わからないんです。最終的には「自白を取ってしまえば自分も楽になる」という感情に負けたのかもしれません。ただ、私は、〝自白を取らなければならない〟〝起訴をしなければならない〟とは思っていませんでした。これは事実です。しかし、組合長の前に逮捕した共済部長の処分をどうするかとなったとき、私は起訴したくないと言ったのに、上司が私の知らない間に起訴状を書いて、私に署名をさせたわけです。それで、心が完全に折れていました。

神保——気がついたら、渡るつもりがなかった橋を渡っていた。

市川——どんな言葉を語っても組合長には非礼になってしまうのですが、自暴自棄……はっきり言えば八つ当たりです。自白が欲しいという気持ちとはちょっと違う……。

神保——年上の組合長さんを呼ぶときは呼び捨てですか？

市川——呼び捨てにはしていませんが、その代わりに「お前」などと言っていたと思います。

神保——ご著書の中で市川さんは、司法修習を受けたとき、検事が被疑者を呼び捨てにすることに強い衝撃を受けたと書かれています。推定無罪の基本原則があるのに、と。でも、実際は被疑者を「呼び捨て」するくらいのことは、検察の中では当たり前な感覚になっているのではないですか。

市川――はい。

神保――組合長さんは後で、取調べのときに検事が机をたたいたり、大きな声を出したり、「ぶっ殺す」と何度も言ったと語っていますが、そこまで言った記憶はありますか？

市川――それは、この事件を語る上で私の一番辛いところです……。申し訳ないのですが、「ぶっ殺すぞ」という暴言を吐いたことは、私の記憶では一度しかないんです。組合長さんは「毎日言われた」とおっしゃっています。ただ、一回は間違いなく言いました。「ぶっ殺すぞ」と大声で言ったのは、私自身はっきりと覚えています。このことによって私は生涯苦しむことになると思います。組合長さんや世間様からお叱りを受けるのは、もう私としては、どう表現すれば良いのかわかりませんが、問いに対する答えになっていないのはわかっているのですが……。

神保――勾留も長かったですね。まず一〇日の勾留をして、さらに一〇日の延長をしています。

市川――そうです。

神保――身に覚えのない容疑で逮捕され、若い検事から二〇日間も怒鳴り続けられれば、七一歳の身には相当に応えたのではないかと思います。それで最後には組合長さんも、検察側の言いなりになって、市川さんに言われるがままに、自白調査に署名したのですか？

市川――これも私の記憶と組合長の話とは違っているので、心苦しいところです。私が証拠書類のある数字の矛盾を発見したものですから、その矛盾をネタにして「どうなんだ」「どうなんだ」

と追い込みました。怒鳴ってはいないと思うのですが……。すると組合長さんは「参りました」とおっしゃって、そこからは「言いなり」になったというのが私の記憶です。

神保――言いなりといっても、組合長が自ら進んで何かを供述したのではなく、検察が作成した調書に署名しただけですね。

市川――そういう意味です。

宮台――検察官が冤罪に手を染める心理状態こそが大切なのに、これまであまり考えてこられませんでした。功名心に駆られた人が冤罪に手を染めるというのは理解できる。しかし、市川さんの場合はそうではない。企業の中間管理職が、上司に逆らえない中で、下に対してもつらく当たらざるを得ないというのに近い構造です。ただ検察の場合は、当たる相手が部下だけではなく、被疑者だったりもするというわけですね。僕はこういうリアリティが検察官の心にあると想像していなかったので、驚きました。

心を折る組織文化

神保――なぜ、市川さんが自ら進んで法廷で告白されたかについて伺います。市川さんは佐賀市農協背任事件の公判のときは、横浜地検の小田原支部に転勤されていました。市川さんが公判に証人として呼ばれたのは、もともとは検察側の証人として、組合長が自分の意志で自白調書に署名したことを証言するためだったのですね。

市川――検察側の目的はそうでした。私の暴言はあったが、自白調書の任意性はあると考えて、私を呼んだはずです。

神保――にもかかわらず、自分の取調べの実態を暴露しようと考えたのはなぜですか。周りからもずいぶん慰留されたようですが、ご自分の中で迷いや逡巡《しゅんじゅん》はなかったのですか？

市川――私自身が佐賀地検にいた間にこの事件の法廷に立っていたときは、組合長側からは自白の任意性についてまだ主張はされていませんでした。問題になったのは私が佐賀地検から小田原支部に転勤した後のことです。ただ、私は取調べのときに暴言を吐いていましたから、転勤するときの後任者への引き継ぎ書には、この事件で「私は『ぶっ殺すぞ』と言った」と書いたんです。なぜなら、本当のことだからです。本当にそれだけの気持ちでした。

私は曲がりなりにも検事で、人の嘘をただすのが職責です。その検事が嘘をつけるわけがありません。あの暴言を吐いた瞬間に一度、検事としては終わっているのですが……けれども、検事が嘘をついたらいけない。そういう思いだけが純粋にありました。それでも、証言をする前に相談した先輩検事から「お前一人が切られる」とほのめかされたときは、弱い自分が出ました。逡巡というのとは違いますが、私が好き好んで進めた事件でもないのに、一人だけ切られるというのは釈然としなかった。ですが、暴言を吐いたのは事実なのだから仕方がない。それを法廷で話すのが当たり前だと思いました。

神保――同じような取調べをやっている検察官は、他にもたくさんいます。どれだけ立派な自白調書が揃っていても、実際は表に出れば自白の任意性を疑われるような取調べが、密室の取調室の中ではしばしば行われています。しかし、検事は自分が違法な取調べをやったことは、口が裂けても認めません。取調室は密室で日本の場合は録音・録画も弁護士の立ち会いもないので、被疑者や被告人が何を主張しようが検事自身がそれを認めない限り、取調べの違法性が認定されることはまずありません。だけど、市川さんは自ら進んでカミングアウトした。僕も長く司法の問題を取材してきましたが、検事自身が自らの取調べの違法性を法廷で暴露したという話は寡聞にして知りません。

図表3　刑事司法制度の国際比較

	起訴前勾留期間	取調べの弁護士立ち合い	取調べの録音・録画
日本	23日	×	△
韓国	30日	○	○
米国	1～2日	○	○
英国	原則1日	○	○
フランス	4日	○	○
ドイツ	原則48時間以内	○	○

出典：日本弁護士連合会などを参考に作図

宮台――検察は、上司が部下に「お前一人を切る」と言うような組織なのですね。だとすれば、検察という役所のあり方は――他の役所も実情は同じでしょうが――とても倫理的と呼べるものではありません。それは市川さんが辞める理由の一つになりましたか？

市川――法廷で話したときも、はっきりと検事を辞めようとまでは思っていませんでした。

神保――法廷でそんな証言をしたら、検事を辞めざるを得なくなるとは考えなかった？

市川――話してすぐには辞めたくないという心境ですかね。この事件は、もうどうしようもなくデタラメですから。そんなデタラメを維持するわけにはいかない。ダメな事件はダメにしなければならない。それが検事の仕事です。検察庁という組織に対しておびえのようなものがあったのは事実ですが、嘘をついてまで組織のために何かをしようという発想はなかった。子供っぽい表現をさせていただけるのなら、「やっちゃったんだから言わなきゃしょうがない」という素朴な思いでした。

誰も検察を止められない

神保――市川さんが法廷で証言されたことによって、裁判では直ちに組合長さんの自白の任意性が否定されたんですか？

市川――はい。

神保――検察は控訴しなかったのですか？

市川――いや、控訴はしました。

神保――自白調書しか証拠がなく、その任意性が崩れたのに、それでも検察は控訴したのですか。

市川――そうです。

神保――元々無理筋なことは百も承知しているのに、白々しくアリバイ作りのために控訴だけはしてくる検察を、市川さんはどう思われました？

市川――独自捜査はめったにしないことです。やるからには必ず勝たなくてはいけない。そうでないと、検察の沽券に関わる。だから、仮にデタラメな内容でも一審で無罪を確定させるわけにはいかない。検察という組織の気持ちとしては「俺たちは絶対に正しい」と思っている。こうした発想があることは間違いないと私は思います。

神保――まるで、検察は「疑わしきは罰せよ」という論理で動いているように見えます。警察から送られてきた事件でも、検察は独自捜査の事件と同じくらいの熱量で、何が何でも有罪にもっていこうとするのですか？

市川――それには、「起訴をしたら」という前提がつきます。少なくとも私が検察庁にいたときは、起訴してしまうと引っ込みがつかなくなっていた。

神保――そうか。警察から送致された事件の場合は、有罪にできないと思ったら、起訴しなければいいのですからね。だけど独自捜査事件だと、最初から起訴が前提になるから推定有罪になるんだ。とにかく一旦起訴をしたら、仮に証拠が揃わなくても無理矢理にでも自白を取って、何としても有罪にもっていこうとすると。

市川――誤解を恐れずに言えば、どんな事件でも必要な証拠がすべて揃うことはあり得ません。例えば、裁判で有罪になるには客観的な証拠が一〇個必要だとしましょう。どれほど捜査しても、たいていは証拠の隙間のように二つか三つ足りない部分が出てきます。一般論として、七つの客観証拠があれば、おそらく「被疑者は犯人なんだろう」となります。しかし、裁判所は残りの三つの証拠がないと容易に有罪にはしません。そこで検察側は、足りない証拠の代わりに自白で隙間を埋めるんです。だから必ず自白を取りたい。これが検察のマインドです。

私はそれが検察のやり方だと理解していたので、足りない証拠を自白で埋めていました。その一方、こうも思っていました。七つの客観証拠があればそれで勝負すればいいのではないか。もし、裁判で三つ足りないから無罪という判決が出たら、それでいいのではないか。ときには検察の間違いを認めて謝ってもいいし、無罪論告をしてもいいと。でも、実際はできませんでした。とにかく、起訴をしたら検察は絶対に止まれない。検察の無罪論告はこれまでなくはないでしょうが、基本的にあり得ないんです。

効率よく人を裁くために

神保――市川さんは、検事になって五年目のとき、ある事件で物証が十分に集まっていたので、もう自白は必要ないと考えていたら、上司からその十分な証拠を被疑者に突きつけて「自白を取れ」と言われたそうですね。どうして検察は、物証が十分にあっても被疑者に自白をさせたいのでしょうか？

市川――二つの理由があります。一つは、若い検事のトレーニングです。将来、物証が足りない事件に当たったときのために自白を取る能力を身につけておく必要があります。例えば、証拠が足りない中で事件のストーリーを作るときに、重要参考人から供述を引き出さないと捜査を進められないことがある。だから、すべての証拠がそろっている事件ならなおさら、「一人前の検事が自白させられなくてどうするんだ」となるわけです。

もう一つは、被疑者が否認したままで起訴をしてしまうと「公判部に迷惑をかける」という理由。東京や大阪の地検は組織が大きいので、取調べをする部署と法廷に立つ部署が分かれているんです。

神保――刑事部と公判部ですね。

市川――はい。被疑者が否認のまま起訴すると、上司が「公判部に迷惑をかける」という言い方をします。公判で否認事件になると証人尋問をやることになるので、どうしても公判の期間が長くなる。私が現職の頃は一審の判決が出るまでに三〜四年かかることもありました。ただ、自白調書を無理に取っても被疑者が公判で否認することがあり得ます。だから、検察庁という組織が求める自白は、「公判で絶対に否認しないように、完膚なきまでに被疑者を叩きつぶす」という自白です。

神保——公判部の検察官は一人で同時に一〇〇件以上の事件を担当していると聞きます。だとすると、刑事部がそうしたお膳立てをしてくれなければ、処理が追いつかなくなるのは当然です。一方、刑事部のほうも、一人の検事が常に一〇〇件ぐらいの事件を捜査しているというのは本当なんですか。

市川——身柄事件だと同時期に一〇件以上を抱えることはありますね。それに加えて何十件かの在宅事件を持っているのが普通です。

神保——身柄事件というのは、逮捕して被疑者の身柄を拘束している事件のことですね。それを常に一〇件も抱えているというのは問題ですね。勾留している被疑者を全員覚えていられるのかしら。「今日はこの事件を取り調べた後、あの事件の取調べをして、その後は……」という感じになってしまうのではないですか。

市川——そうです。

神保——検察官がどんなに優秀だとしても、そんな複数の事件を同時進行で処理できるものなのですか？

市川――できる人間が残っていきます。できない人間は脱落する。私はできない検事でした。

神保――そうなると一つひとつの事件にこだわって、あまり長い時間をかけることはできませんね。

市川――良い言い方をすればそうです。極論すれば、検事になって最初に捨てなければならないのが被疑者の弁解を聞く耳です。身柄の拘束には期限があり、毎日が手持ち事件の処分を決めるための決裁日です。だから、「うるさい黙れ！」になるか、あるいは警察に「自白させろ」と押しつける。そうやって自白調書を取り、なんとか複数の身柄事件の捜査を回していく。それが私の検事時代の現実です。

宮台――今回とても重要だと思ったのは、「有能さ」のあり方です。検事の有能さと医者の有能さは似ていると思いました。患者一人ひとりに向き合っていたら処理できない。簡単に言えば、流れ作業のような対処をしないと仕事が終わらない。介護の仕事をやっている人も同じかもしれません。有能な介護職の人なら、一人ひとりに対してはいかにも思いやりがありそうな仕草で、しかし全体としては仕事を流れ作業のように進める。流れ作業の中で、ルーティン化が進み、そのために、本来はチェックすべき部分が見逃されがちになります。たぶん今、多くの現場でこのルーティン化を避ける仕組みが必要になっているんですよね。

神保――逆側からの見方ですね。

宮台――そうです。検察官のリアリティを変えるための仕組みを新たに作らなければ、問題は解決しないということになります。

長期勾留と厳しい取調べが生まれる背景

神保――事件が発生すると、一般的に警察は被疑者を逮捕してから四八時間まで勾留することができ、その間に検察に送るかどうかを決めます。送検が決まると、検察が処分を決めるのに二四時間の猶予があり、その後、起訴をするためには勾留が必要と判断されれば、裁判所に勾留の請求をすることで、まずは一〇日間の勾留が認められます。さらに捜査が必要な場合は、裁判所に延長の請求をすることで、もう一〇日間の勾留が可能になります。トータルすると、警察が逮捕してから検察が起訴するかどうかを決めるまで二三日間の勾留が可能なのが日本の刑事司法制度です。

日本の刑事司法制度が「人質司法」などと呼ばれ、国連の人権委員会や拷問禁止委員会などからたびたび改善勧告を受けたり、欧米諸国の人権団体から厳しい批判を受けているのは、この二三日間の間ならいつ被疑者が自白しても、裁判で自白が有効とみなされるところに一つの大きな要因があります。欧米の常識では通常は三日程度、長くても五日以上の勾留は、拷問と何ら変わることがないとみなされ、裁判で自白の任意性を認定してもらえません。しかし日本では、長期の勾留で精神的に追い込むような取調べが、連日連夜、朝から晩まで当たり前のように行われ、しかも弁護士の立ち会いも認められない中で取られた自白調書が、裁判では当たり前のように有効な証拠として採用されています。

しかも、その取調べはほとんど可視化されていません。先進国ではあり得ないような前時代的な刑事司法制度と言っていいと思います。最近は日本の制度を模した刑事司法制度を作ったといわれる韓国でさえ、取調べの様子がビデオで撮影されるようになっています。日本は、一連の検察の不祥事で「部分可視化」なる決定を行いましたが、ビデオ撮影されるのは調書に署名する前後の部分だけです（117ページ＊2参照）。

宮台——だから、検察のシナリオを補完するような

図表4　逮捕から起訴までの経緯

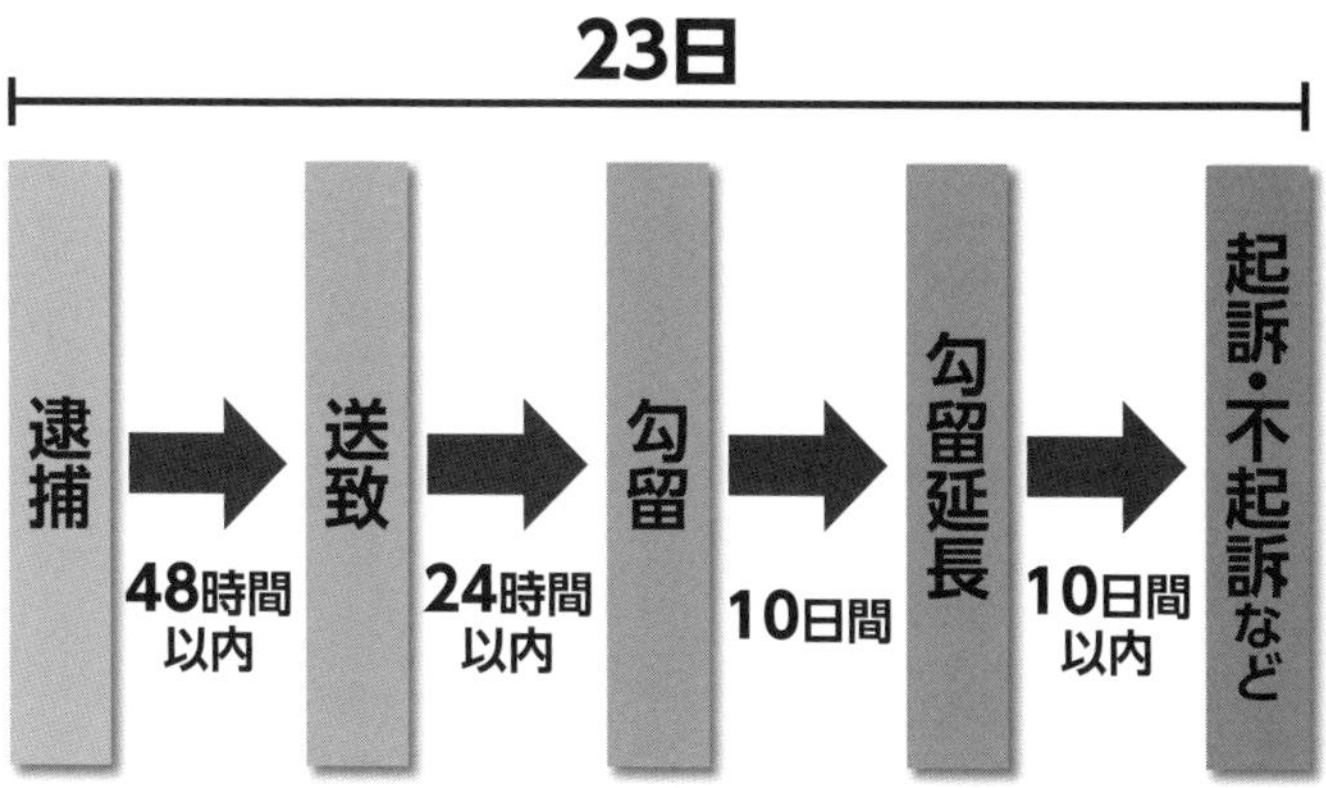

作図：ビデオニュース・ドットコム

映像に編集される可能性があります。

神保――検察にとって都合の悪いところは使わなくていいし、逆に唯々諾々と署名するシーンだけを録画しておいて、被疑者の自白が任意だったことを証明するための証拠として使うこともできる。そんなビデオをいくら見せられても、録画が始まる前にどれだけ違法な取調べをしていたかはわからない。部分可視化はかなり問題があります。

宮台――起訴便宜主義と呼ばれますが、検察が「処罰の必要はない」と認めたものについては検察が起訴猶予にするということがあります。これは、検察に巨大な権限を与えすぎていることになるので、おかしい。けれども、最高裁を含めて、多くの裁判所がおびただしい数の案件を処理しているので、検察が独自に判断して起訴猶予としないと裁判所はパンクしてしまうことになります。すると、今日出てきた司法の問題を解決するには、検察のある部分だけを変えるだけではうまくいかず、全体を変える必要があるということです。

神保――アメリカでは多くの事件で司法取引が行われます。被疑者に対して、「有罪を認めるのであれば刑も軽くする」という取引を持ちかけ、同意すれば裁判を省略することができる。そうすることで効率化を図っている。プリー・バーゲン（plea bargain）といいますが、要するにplea＝罪状認否でbargain＝取引、交渉をするわけです。そのためプリー・バーゲンが成立した事件では、大勢の被告が裁判官の前に縦に一列に並んで、まるでベルトコンベアーのように次から次へと判決だけが言い渡されていきます。

宮台――自己負罪型の司法取引と言われるものですね。映画で見たことがあります。

神保――どんな制度にも一長一短があって、どれがいいとは一概には言えないかもしれません。しかし、日本の現在の刑事司法がかなり異常なものになっていて、しかも誰もそれを正すことができないでいる状態はまずいと思います。市川さんは、検察の外から刑事司法の制度を見るようになった今、日本の制度についてどう思われますか。

市川――日本の刑事司法は、いわゆる「精密司法」という言葉で語られることがあります。この精密司法における事実認定の手法が本当に良いのかどうかについて、一般市民も交えて議論する必要があると思います。そうしないと、刑事手続のあり方を変えようとしても、どの方向に進めていくべきなのかわからなくなります。

神保――精密司法とは具体的にどのようなものですか。

市川――そもそも、日本では、法定刑の幅が広いんです。殺人罪といっても懲役五年から死刑まである。だから、捜査、起訴、裁判のそれぞれの段階で、量刑の根拠となるさまざまな情報を一つひとつ認定しないと量刑を決められない。

（＊2）その後、2015年に刑事訴訟法の改正が行われた結果、日本でも特捜事件と裁判員裁判の対象となる事件については、原則的に取調べの録音・録画が義務づけられるようになった。しかし、上記の事件は全刑事事件の三％未満にすぎず、しかも取調べに支障をきたすとみられる場合は検察の判断で録音・録画を止めることができるとなっているなど、原則としてすべての取調べの録音・録画が前提となっている欧米基準での「可視化」とはほど遠いものに止まっている。

それから、有罪・無罪を決める多くの場合、その罪を犯す故意があったかどうか、という人の心の中を扱う必要があります。その上、どうも動機に固執するようなところがある気がします。検察側は「なぜやったか」を徹底的に解明しようとするし、裁判所はその動機が不合理であると無罪にすることがあります。なぜ、そんな目に遭わなければならなかったのか、理由が知りたいという被害者の立場になればわかりますが、司法が加害者の主観に立ち入ることが、本当にそんなに必要なことなのか。これについて考える余地があると思います。

その一方で、客観的な事実も細かく求められます。例えば、殺人事件の場合、調書は「私は包丁でブスリと刺した」ではなく、「私は被害者から一メートルくらい離れた場所に立って、利き手である左手で包丁を持ち、斜め上四五度くらいから思い切り突き刺した」という具合にとります。

神保——本人は、そんなことを言わないですよね？

市川——はい。実際の取調べでは、検事が被疑者に「どうやったのか」と尋ねて、被疑者が身振りで再現し、それを検事が言葉にすることもあります。こうした調書中心のやり方を「調書裁判」とも呼びますが、自白調書を偏重する裁判のあり方は、あらゆる事実を事細かく認定しようとする精密司法と密接に結びついています。検察は精密司法に耐えられる自白を取らなければならないので、いくら取調べの時間があっても足りない。私は、すべては事実認定のハードルの高さに起因しているのではないかと思っています。

神保――逆に言うと、日本の裁判は厳しいということですか？

市川――求める事実の細かさについては厳しいということですね。あらゆる事実について微に入り細を穿ち明らかにしようとすることが良いのかどうか。例えば性犯罪の被害者への証人尋問でも、被害者に詳細に辛い経験を話させるのは、それ自体が二次的な性被害、いわゆる「セカンドレイプ」です。たとえ被疑者が初めから罪を認めていても、罪名によっては解明しなければならないことが多いため、二〇日間も勾留された上に一日に何時間も取調べを受けなければならない。このようなことが生じるのは、精密な事実認定に耐え得る自白調書を取らなければならないからです。あんなおかしい取調べなら、やらないに越したことはありません。

例えば起訴状には「被告人は何月何日どこで誰を刺して殺害したものである」とせいぜい三行くらいしか書いていないのに、検察官の公判での冒頭陳述では、まるで再現ドラマのようにして何分も延々と語るわけです。そんな物語を、集めた客観的証拠だけで作れるわけがありません。つまり冒頭陳述はほとんど被疑者の自白の内容です。そのうえで、検察は事件の詳細を細かく証明し、「どうしてこの被告人が有罪にならないのか」と主張する。果たしてこのやり方は本当に正しいのか。もちろん、精密司法を放棄すれば荒っぽい事実認定を招いて、危うい有罪が出るリスクもあります。しかし少なくとも、裁判で無罪をもっとラフに出せるようになるとは思うんです。

神保――今、多くの国では、被疑者に対する取調べをほとんどしなくなっていますね。長期の勾留もできないので、否認する被疑者を自白に追い込むことはまず無理だし、違法捜査となれば直ちに無罪となってしまう。だから、被疑者自身の供述なんかより、客観証拠や物的証拠や目撃証言などを必死で集めようとします。

市川――私は検事の頃から、法廷で正々堂々と証人尋問をして、それで無罪になるのなら仕方ないと思っていました。法廷での尋問はすべて可視化されます。もしも、検事が法廷で「ぶっ殺す」などと言えば、被告人は無罪になるでしょう。公開の法廷が事件の解明の場となることによって、検察官も自然と尋問する方法を身につけるはずです。密室での取調べではなくオープンな場の法廷で勝負をつけるという司法制度に持っていくべきだと思います。

「精密司法」が生むひずみ

神保――先進国の多くは検察の捜査よりも裁判を重視します。検察に白黒を決めさせるのではなく、公開されている裁判の場で決着させる事がよりフェアな結果を生むと考えられているからです。だから、多くの国では検察が勾留できる期間が短い。

宮台――僕たちは、以前から検察官面前調書（検面調書）に依存する調書偏重主義、それゆえの自白偏重主義の問題点を指摘してきました。しかし精密司法である限り、自白に依存した精密な調書を作るしかないわけです。

神保――日本の検事は不起訴とか起訴猶予の権限を持っているから、「これについては起訴猶予にしてやるから、こっちについて知っていることを話せ」というように、事実上の司法取引のようなこともできる。検察が公訴権を独占しているがゆえに、そんなことも可能になる。そもそも検察が起訴したら必ず有罪にしないとまずいのは、彼らが公訴権を独占しているからです。それだけ強大な権力を持っているのだから起訴した以上必ず有罪を勝ち取らないと検察は何をやっているんだという話になる。

市川――例えば贈収賄は「物証」がどうしても乏しい。だから自白を初めとする供述証拠に頼りがちです。その供述証拠がどこまで緻密に求められるのか、検事時代から疑問に思っていました。これについてはもう少し勉強する必要がありますが、もしかするとこの問題も深く掘れば、やはり精密司法にたどり着くのではないでしょうか。

神保――この番組では、何度も刑事捜査における問題点を取り上げてきました。
市川さんの話を伺っていると、令状の乱発だけをやめればすべてがうまくいくという話ではないこともわかってきました。しかし、今のまま精密司法を前提にしていたら、いつまでたっても「起訴したものはすべて有罪にしなくてはならない」状態が続いてしまいます。当然、無茶な取調べや証拠の捏造、そして冤罪事件も後を絶たないでしょう。

宮台――日本の司法制度の根底には、精密司法の問題があったということです。それが最大の問題です。そのことを念頭に置くと、証拠が非開示である理由もわかります。つまり、微に入り細を穿ち被疑者の主観をストーリー化していくというのは、実はリスクが高く、集めた証拠がそのストーリーと合わない場合がいくらでもあり得ることになります。

神保――証拠を開示したら、ストーリーの合理性を否定する証拠も出てくる可能性が高い。だから検察は自分たちが不利になる証拠は出さなくていい仕組みになっている。

宮台――市川さんがおっしゃるように、証拠・反対証拠、尋問・反対尋問をベースにしながら事実を明らかにする法廷の形を作る必要があります。従って、司法の問題を解決するには、検察だけでなく裁判所まで一緒に改革しなくてはならない。

神保――とりあえず取調べが可視化されれば、自白の強要や誤導のような違法捜査は難しくなる。そうすれば、検察にぶら下がっている記者クラブ・メディアによる事件報道のデタラメさも多少はわかるようになる。やっぱり可視化が刑事司法改革の決定打になると思いますが、だからこそ検察も警察も、可視化には全力で抵抗してくるわけですね。

上に行く人ほどダメになる組織風土

神保――検察や刑事司法をよくしていくために、今後、ご自身の経験をどう活かしていきたいと思いますか？

市川――今日出てきた問題は、組織の中の人間の問題です。だから検察庁という漠然としたものに批判を浴びせても、びくともしない。一方、個々の検事の資質を問うようなミクロに焦点を当てても直ちに問題解決にはなりません。組織の問題と組織人の問題とのバランスのとり方がすごく難しい。

検察庁という組織が昔から持っている風土があります。自白させるのが良いとか、捜査する者が公判をやる者より偉いとか、そういうものがいくつもある。今はそれを見直すチャンスがある。検察の中で上に行く人たちは、検察庁が持っている風土に適合した人だと思います。それは、私が悩んだようなことを能力的に克服できた人なのかもしれない。あるいは、単に組織に染まってしまっただけかもしれない。いずれにしても、組織の風土にフィットしているからこそ上に行けるわけで、そんな人たちが組織の問題をはっきりと自覚できるはずがないんです。その意味では、上に行く人ほどダメなんですよね。

上にいる人たちとは違い、若い検事たちはそれなりに検察に疑問を持っていると思います。もし検察庁の血を入れ替えるのであれば、良心的な若い検事たちを何らかの形で守れるようなものにしたいです。極端に言えば、全国に八人いる検事長の半数を弁護士から登用するとか、地方検察庁の部長は全員弁護士から採るとか。検察庁の中だけで育った人は、上に行くほど検察庁を肯定的にしか見ない。それ以外の見方ができなくなる。この仕組みをどうにか変えないと、検察庁は変わっていかない。それから、どうすれば個々の検事が良心を保てるか。簡単に言うと、風通しのいい職場にする。そのためには、上にいる人がそういうところにもう少し心を砕く必要がある。それくらいはやってほしい。心からそう思います。

神保——市川さんの本のタイトルは『検事失格』ですが、市川さんは力技で見事に組合長を自白させているので、その意味では敏腕検事でもあった。だから、自ら自白を強要したことを認めてしまったことだけが、今の司法が求める検事としては「失格」だったことになりますが、それ以外は全く失格ではないんじゃないですか。

市川——私は検事時代に、おかしいと思ったことを正々堂々と上司に言えなかった。そこに、佐賀市農協の事件の問題の原因があると思っています。私にこのようなことを言う資格はないと思いますが、同じような苦しみを味わった検事は私の前にも絶対いたはずですし、私の後にもきっと出てくるはずなんです。村木厚子さんの事件で証拠を改ざんした前田検事も、陸山会事件で報告書に虚偽の記載をした田代検事もそうかもしれません。何か、検事が追い込まれていくメカニズムのようなものが検察にはある。それをどうして直さないのか。もちろん、佐賀市農協背任事件での問題は私にありますから、私が検事を辞めたのは当然です。しかし、私が辞めたあとも検察でいろいろな問題が起きています。その意味で、偉くなった人たちは、脳みそがあるなら考えろと訴えたいです。指揮官はもう少し兵隊のことを考えてほしい。

宮台——これまでも、組織が人を追い込むメカニズムを扱ったことがあります。ダメな人ほど上に行く、上に行くほどダメになる。組織に迎合し、思考停止して、前に進む人間でないと上には昇れない。ある意味で、「合格」することが「失格」することに当たるような、歪んだ組織文化の問題です。組織がこのように作られている中で、そこにいる個人にだけ良心を期待するのは、あまりに酷な話です。

神保――検察庁といえども官僚機構なわけですよね。ただ、検察庁は一定の独立性が保証されている。検察に対しては法務大臣だけが指揮権を持っています。私たちが選んだ国会議員が選んだ内閣の一員である法務大臣だけが、検察に対するいわゆる文民統制《シビリアンコントロール》の要となります。だから検察に問題があれば法務大臣がチェックしなければならない。検察の組織文化から考えて、検察自身に自浄作用が働くことはほとんどあり得ない以上、現在の刑事司法の暴走をチェックしていないのは、政治の怠慢ということになります。

宮台――道徳教師よろしく人を責めても意味はなく、組織風土に問題がある。組織風土という問題の解決は、部分だけではなく、全体を変えないと難しい。その一方で、神保さんが言った通り、大きなことだけを言っていても改革が進まない。

神保――どこかに取っかかりを見つけないとまずいですね。

宮台――そのためにも、全体と細部を同時に変える必要性を論じなくてはならない、ということです。そうしないと表面的な改革だけになってしまうでしょう。

神保――今日はその取っかかりのヒントを多くいただきました。とても勇気のある発言だったと思います。市川さんは現在は検察を離れて、弁護士として活動されていますが、過去の貴重な経験を活かして、今後も日本の刑事司法をよくしていくために尽力されていかれることを期待しています。本日はありがとうございました。

第三章

やはり和歌山カレー事件は冤罪だったのか

弁護士・林眞須美死刑囚主任弁護人
安田好弘

神保哲生×宮台真司

1947年兵庫県生まれ。弁護士。75年一橋大学法学部卒業。77年司法試験合格、80年司法修習修了。オウム真理教麻原彰晃被告の主任弁護人、山口県母子殺害事件・被告少年の主任弁護人、和歌山カレー事件・林眞須美被告の主任弁護人などを務める。著書に『死刑弁護人――生きるという権利』（講談社）など。

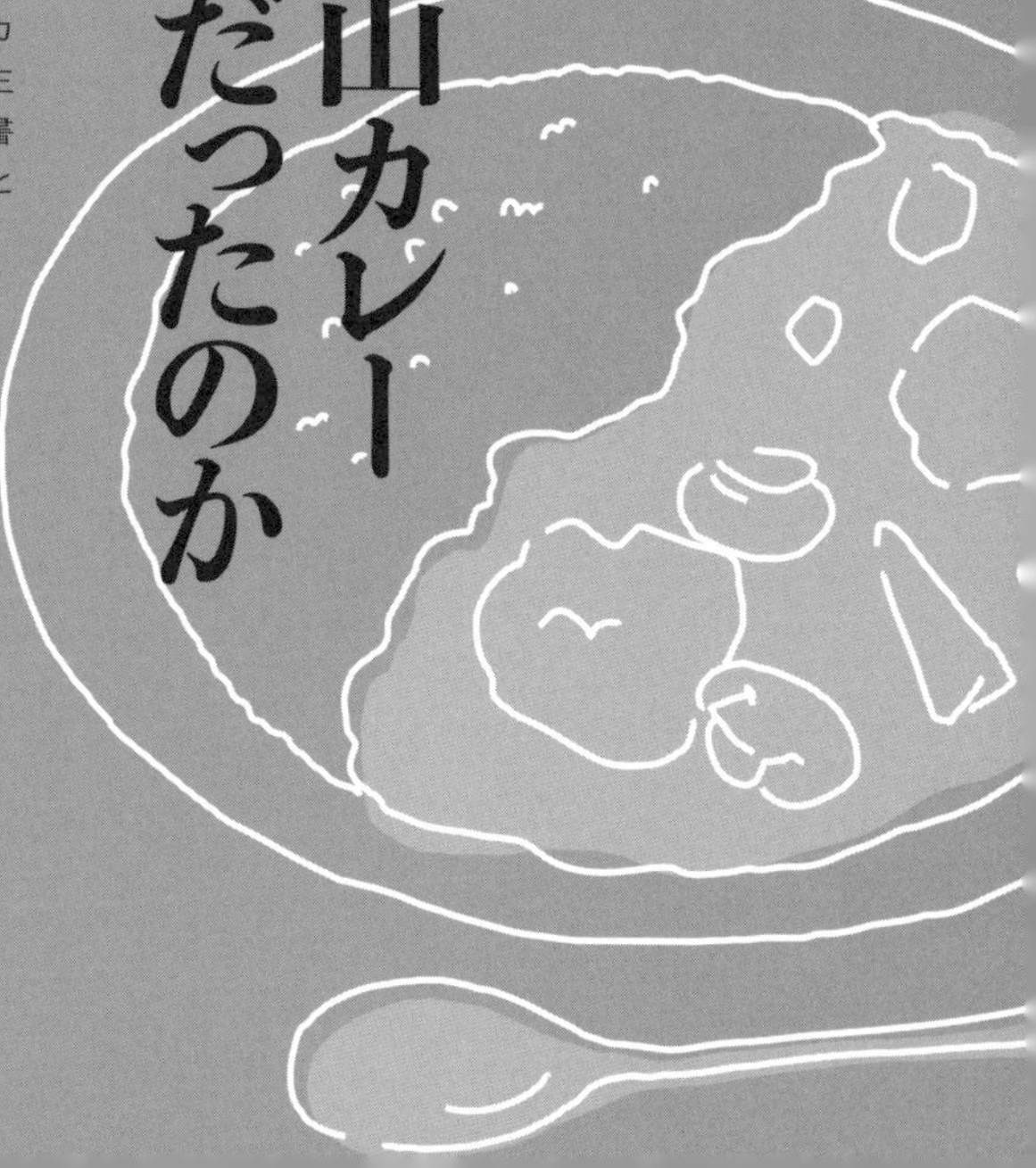

2013年4月27日配信

疑問だらけの四つの検察の主張

神保――今日は「和歌山毒物カレー事件」を取り上げます。この事件はもともと物証に多くの疑問が投げかけられていながら、被疑者が犯行を否認したまま、死刑が確定しています。しかし、今回、新たな事実が明らかになり、冤罪の可能性が出てきたので、あらためて深く掘り下げてみたいと思います。

この事件は一九九八年に発生したもので、「和歌山カレー事件」と聞けば名前くらいは聞いたことがあるかもしれませんが、事件の詳細や裁判の経緯などは知らなかったり、知っていても忘れてしまった人が多いのではないでしょうか。これまでこの番組ではこの事件を何度も取り上げてきましたが、まずはなぜわれわれがこの事件にこだわるのかについて、少し詳しく話してみたいと思います。

宮台――僕たちはこの事件を、日本に近代司法はあるのだろうかという立場から批判的に議論してきました。近代司法とは、推定無罪、疑わしきは罰せず、「百人の罪人を放免するとも一人の無辜の民を刑することなかれ」。なぜ、このような憲法的原則が掲げられているのか。それは長い間、統治権力の横暴に苦しんできた国民が、これからは自分たちでコントロールできる統治権力をつくるという意思を表明したという歴史が、近代国家を支えてきたからです。

司法の裁きは神の裁きではない。神さまでない限り、人には、絶対的真実はわかりません。しかし、それで良いのです。なぜなら、近代司法とは被告人を裁くのではなく、検事を裁くことだからです。検事が適正な手続きを踏んでいるか、構成要件を満たしているか、違法性を論証しているかを、裁判官が判断する。もし検事がそれらを怠っていれば、絶対的真実がどうあれ、被告は無罪です。それが近代司法なのです。そういう観点から和歌山カレー事件を見ると、近代司法どころか、それ以前に、そもそも真実を追求しようとしていたかさえ疑わしい。

神保――今回この事件が新たな展開を見せたのは、「X線分析の進歩」という雑誌に掲載された京都大学の河合潤教授の論文がきっかけでした。この雑誌は素人にはかなり取っつき難い、分厚い技術系の専門誌です。その第四三号に、和歌山カレー事件が林眞須美さんの犯行だと根拠付けたヒ素の鑑定に、誤りがあったのではないかという論文が掲載されました。もし本当なら、彼女の有罪の立証がかなり怪しくなります。なぜならば、もともとこの事件は物証がほとんどなかったため、ヒ素の鑑定結果は林眞須美さん犯人説を裏付ける決定的な証拠だったからです。ちなみにこの事件は現在、弁護団が再審請求中ですが、その際の証拠としてこの河合教授の論文が提出されています。

ゲストは、林眞須美さんの弁護人を務めている安田好弘弁護士です。さっそく安田さんにヒ素の鑑定問題について伺っていきたいと思いますが、その前にまず事件の概要を振り返っておきましょう。

一九九八年の夏、和歌山市郊外の園部という新興住宅地で行われた夏祭りで、炊き出しにカレーが振る舞われました。そのカレーが入った鍋の中に何者かがヒ素を混入させたため、カレーを食べた人のうち子供を含む四人が亡くなり、六三人が中毒症状を起こしました。事件直後からメディア報道は過熱して、かなり早い段階から、メディア上では林健治・眞須美夫妻が犯人ではないかと疑われ始めます。実はこの夫妻はヒ素を使った保険金詐欺の常習犯だったため、メディアのインタビューでも不自然な答えを連発していました。メディア報道に押される形で、警察はその年の年末に、妻の眞須美さんの逮捕に踏みきり、眞須美さんは犯行を否認し続けたものの、最終的に二〇〇九年四月に死刑が確定しています。

図表5　和歌山カレー事件の経緯

98年7月	カレー事件発生
10月	林夫妻、保険金詐欺事件で逮捕
12月	眞須美被告、カレー事件で再逮捕
99年5月	一審初公判で、カレー事件を否認
00年10月	健治氏、詐欺罪で懲役6年
02年3月	眞須美被告、被告人質問で黙秘
12月	和歌山地裁、死刑判決
05年6月	大阪高裁、控訴棄却
09年4月	最高裁、上告棄却 死刑確定

作図：ビデオニュース・ドットコム

安田――正確に言いますと、最初は林夫妻が事件から約三ヶ月後の一〇月に別件の保険金詐欺等で逮捕され、これが繰り返されて、四回目の逮捕で眞須美さんがカレー事件で逮捕されたわけです。眞須美さんは一貫して、無実であると訴え続けてきました。

神保――しかし、最終的には最高裁が上告を棄却して死刑が確定しました。

安田――すぐに、私たちは再審の申し立てをしました。

神保――その後、弁護団は補充の証拠を提出しています。さらに今年（二〇一三年）二月には、先ほど紹介した論文も追加で提出しました。

安田――はい、三回目の補充の意見書と併せて提出しました。

神保――今回の補充証拠は、かなり決定的なものだと安田さんは思われますか？

安田――そうですね。いま問題になっている鑑定は、東京理科大学の中井泉教授が行ったものです。カレーの中に混入されたヒ素と林さんの自宅にあったヒ素が、同一工場で同一時期に製造されたものであって、同一物だという鑑定でした。つまり、事件に使われた凶器が同じだったというわけです。直接証拠が全くない中で、この鑑定結果が裁判で大きな力を持ちました。しかし、その鑑定に疑問がある、中井鑑定は「似ているから、似ている」と言っているだけで客観性が全くない。

神保――この事件で物証と呼べるものは、事実上この鑑定結果しかない。だから、この証拠の信用性が極めて重要なわけです。

検察の四つの主張

① ヒ素を入れられたのは眞須美さんだけ
② 見張りのときの動きが不自然
③ 亜ヒ酸が合致
④ ヒ素を使って人を殺害しようとした前歴がある

これが、今回の裁判で検察が林眞須美犯人説の裏付けとして挙げた四つの主張です。まず「ヒ素を入れられたのは林眞須美さんだけ」というのが、検察が主張した重要な点です。つまり、他に入れられる人がいなかったから、犯人は眞須美さんしかあり得ないと。

安田――彼女がいちばん疑わしかったということですね。

神保――カレーの鍋は、自分の家のはす向かいの家のオープンスペースのガレージに置かれていたわけですが、果たしてそんな場所でお向いの家の住人がヒ素を入れるかという疑問は残ります。もし眞須美さんがやっていたとすれば、当然自分が疑われるに決まっているからです。

次の「見張りのときの動きが不自然」というのは、眞須美さんが見張り番のときの動きが不自然に見えたという証言があったのですね。

安田――たまたま、道路を挟んで、二階から高校生が見ていたと言うんですね。

神保——しかし、目撃者が見たという窓から実際に犯行現場を見ようとすると、植え込みがあってよく見えなかった。

安田——植え込みの他にも、ガレージにはアクリル製の透明の天蓋《てんがい》があって見づらい。しかも室内からだと、レースのカーテンや網戸もあります。それらを通して見たという証言です。だから、本当にそこから見えたのかが問題になりました。目撃者の証言は、最初「自宅の一階から見た」だったのに、途中から「二階で見た」に大きく変わっています。なぜなら、一階であれば物理的に見えないんですね。

神保——つまり、目撃証言としてはかなり無理がある。それから、次が問題の「亜ヒ酸が合致」です。これは正確には、何と何が合致したということなのでしょうか？

安田——ヒ素に含まれている不純物が一致したと言うんですね。ヒ素を製造する過程で原料の鉱石に含まれている不純物が混入するんですが、それが一致した、だから、同じ工場で製造された同一のヒ素であるという鑑定の結果が出たのです。

神保——いわゆる「中井鑑定」と呼ばれるものですね。兵庫県の播磨科学公園都市にある世界最高性能の放射光を生み出すことができる加速器のスプリングエイト（SPring-8）を使って分析したことが当時、話題になりました。

安田——スプリングエイトは世界に三基しかない、一基の大きさが東京ドームほどの大きな施設です。分析しようとする対象物に高エネルギーのX線を照射して、それによって出てくるX線を解析して、どういう元素で成り立っているのかを分析する装置なんですね。当時、運用を始めたばかりでした。最新施設を使った結果、科学警察研究所（科警研）では解析できなかったものができた。その結果、ようやく眞須美さんを起訴に持ち込めた。警察は、別件逮捕を繰り返して取調べをすることによって、自白をすると考えていたんですね。しかし、彼女は頑強に否認し続けた。そして、最後にカレー事件で逮捕したものの、証拠がなくて起訴に持ち込めない。そのときに、中井鑑定が出てきたわけです。

神保——当時は、スプリングエイトがとにかくすごい施設なんだということがやたらと強調されていたことが印象に残っています。だから今になって、その施設で分析した結果が否定されているのが意外です。確認すると、スプリングエイトで調べた結果、一致したと言われたのはどのヒ素とどのヒ素だったのでしょうか？

安田——犯行現場に捨てられていた紙コップに、ヒ素が付着していました。紙コップにヒ素を入れて持ってきて、それをカレーの中に入れたと認められた。紙コップに付着していたヒ素が、眞須美さんのお兄さんの家に保管されていたヒ素、そして彼女が前に住んでいた家に放置されていたヒ素、さらに、彼女の自宅にあったプラスチック容器に付着していたヒ素のすべてと一致したというわけです。プラスチック容器は、眞須美さんの自宅を家宅捜索した際に、捜索開始から四日目に、台所のシンクの下から発見されたというんですね。もっとも眞須美さんは、見たこともないし、置いたこともないと言っています。

神保――林家の関係個所にヒ素があったのは、夫の健治さんがネズミ駆除のために使用していたからというのは本当ですか。

安田――シロアリの駆除です。事件より一〇年くらい前のことですが、健治さんはシロアリ駆除業をやっており、薬剤としてヒ素を使用していたんですね。和歌山はシロアリがよく出るので、シロアリ駆除はよく行われていたようです。

神保――あの地域は元農家が多いので、林家以外にヒ素を使っている家があっても不思議ではないわけですね。

安田――実はヒ素は、一般の家庭でトイレの殺虫剤にも使われていましたし、甘味が増すというのでミカン農家でも使われていました。農薬を売っている店では、五〇〇グラム単位で長い間売られていたんですね。

神保――最後の「ヒ素を使って人を殺害しようとした前歴がある」ですが、「殺害しようとした」人というのは夫の健治さんですね。健治さんが自分でヒ素を飲んで病院に運ばれたとき、車の中で「眞須美にやられた」と言っていたと証言した人がいたそうですね。

安田――裁判に出てきた証拠から言いますと、そもそもの発端は、健治さんが眞須美さんのお金、何千万円かをこっそり持ち出して競輪ですってしまったんですね。そのお金は、眞須美さんがお母さんの死亡保険金として受けとったお金でした。怒った眞須美さんは、健治さんに「どこかで金を稼いできて弁償しろ」と言い、健治さんは「それなら保険金で稼いでやるわ」と言って、自分でコーヒーにヒ素を入れて飲むんです。ヒ素を飲んで高度障害になると、死亡保険金と同じ額の保険金が出るんですね。健治さんは、かつて同じようにヒ素を飲んで約二億円の保険金を稼いだことがありました。健治さんは、病院に担ぎ込まれたわけですが、少ししか飲まなかったのですぐに退院させられそうになりました。それで再度ヒ素を飲んだのです。今度は前よりも多かったものですから、健治さんは、一時死にそうになりましたが、結局、助かっています。

裁判では、証人が出てきて、健治さんが退院させられそうになって一旦自宅に戻ってきたときに、眞須美さんが密かにくず湯にヒ素を入れて健治さんに飲ませるのを見た、さらに彼女が病院にやってきて健治さんに「早く死んでしまえ」と言ったのを聞いたと証言したんですね。

眞須美さんは全面的に否定したのですが、裁判ではその証言が採用されて、殺人未遂事件だと認定されてしまいました。しかしその後、健治さんは眞須美さんと一緒になって保険金を請求していますし、その後もずっと一緒に生活しています。もし、健治さんが本当に眞須美さんに殺されかけたのであれば、怖くて一緒に生活できませんでしょ。そう考えると、健治さんや眞須美さんの言い分のほうが正しいのではないかと思うわけです。

神保——その証言をした方は、なぜそんな証言をしたのでしょうか。

安田——その人は、林家に長期間居候をしていた人なんですね。家族は警察に勤めている人でした。彼はカレー事件以降、半年以上、警察が用意した宿泊施設に宿泊させられて、毎日のように取調べを受けていたんですね。彼は林夫妻の保険金詐欺の片棒も担いでいますし、火災保険詐欺の目的で他人の家に火を付けたとも言われていましたから、警察に迫られていわゆる捜査協力、つまり司法取引をしたんでしょうね。

神保——私は二〇〇九年に、保険金詐欺で懲役刑を受け、刑務所から出てこられた健治さんにインタビューをしていますが、そこで健治さんは今の安田さんの話を裏付けるような証言をしていました。

（林健治さん取材ビデオより）　二〇〇九年四月二三日　和歌山県和歌山市・林健治氏自宅にて

林：眞須美の母親が平成八年に亡くなったとき、保険で一億四〇〇〇万ほど入ったんです。金庫に入っておったそのお金を、ある日、競輪で三、四〇〇〇万使ってしまったんですよ。それが発覚して、えっらい怒られて、ケンカになって。私の母の形見のお金をギャンブルに使って——というようなことで怒られてですね。そのとき初めて、それじゃあワシ、自分の体を張って、もういっぺん高度障害を狙ってそのお金を返したらええんじゃないかということで、初めてヒ素を飲んで入院したんですよ。

……………………………………

神保：そのことが裁判では、眞須美さんにはヒ素を使って人を殺害しようとした前歴があることの証拠とみなされ、眞須美さんの殺人罪を補強する証拠とされてしまったわけですが、眞須美さんはこれについては不服があると？

林：私が進んでヒ素を飲んだんですから、これは妻・眞須美の私に対する殺人未遂であるわけがないんです。だから、私という生き証人がいるのにですね、ただ家族の言い分だからという理由で、妻を擁護するための虚偽の証言に違いないと一蹴されてしまったら、いったい何のための家族かと。

神保：眞須美さんは健治さんと共謀して昭和六三年からヒ素を使った保険金詐欺を何度も働いてきた共犯だったわけですから、眞須美さんがカレーの中にヒ素を入れたりすれば、保険金詐欺もろとも全部バレますよね？

林：それはバレるねえ。それは考えてもみてくださいよ。それまでに三億から四億取ってるんですから。

神保　保険金で三億から四億円を詐取してきたことを、眞須美さんも知っているわけですね。

林：そうですよ。

神保：共犯なんですね。

林：共犯でね。ヒ素は私とこが預かってるんですからね、シロアリで。そこへもって、家からものの五メーターほどのところで、自分とこのヒ素なんか入れてですね。それで警察が近寄ってきたら、まず先に私のところが捜査されますよね。そんなことをまあ、あえてするかねということなんですよね。

……

神保――眞須美さんの裁判のとき、健治さんは保険金詐欺の容疑で逮捕されていたので、裁判では証言できなかったんですか？

安田――いや、健治さんは証言しています。地裁では、飲んだのは一回だけで、自分で飲んだだけ。そもそも、二回目のくず湯は飲んでいないと証言しました。その後、高裁で、二回目は病院で自分で飲んだと証言したんですが、裁判所は信用しませんでした。飲んだ本人が、「私が保険金欲しさに飲みました」と言っているのに、それは信用できないというわけです。健治さんが眞須美さんをかばって嘘をついていると言うんですね。

神保――その結果、「ヒ素を使って人を殺害しようとした前歴がある」ことの証拠にされてしまった。本人らがこぞって否定しているのに、訳ありの人の証言のほうが信用されたわけですね。

安田――そうです。あと、もう一つ、彼女の頭髪にヒ素が付いていたことも重要な間接事実だと言っています。しかし、付着していたのは頭髪の右前髪部分で、しかもその一、二本の毛髪の、さらに毛根付近から四八ミリの部分にだけ付着していたというんですね。眞須美さんの毛髪は、事件の約五ヶ月後に切り取られて検査されていますから、事件当時にヒ素が付着したとなると、毛髪が伸びる早さからして毛根付近に付着したということになります。しかし、それ以外の部分にはどうして付着していないんでしょう。不思議としか言えないんですが。

鑑定結果から浮上する疑惑

神保――「X線分析の進歩」四三号に掲載されている論文は、素人にはなかなか理解できません。安田さん、この論文には簡単に言うと、どういうことが書かれているんでしょう？

安田――最初、捜査本部は、科警研に鑑定を依頼しています。しかし科警研の装置では、眞須美さんの台所から発見されたプラスチック容器に付着していたヒ素は微量であったために、検査できませんでした。また、ほかのヒ素の解析の結果も、「同一のものに由来すると考えても矛盾はない」という結論でして、同じものであるとまで断言できないというものでした。これでは、とても眞須美さんを犯人だと決めつけることができなかったわけです。

そこに、東京理科大学の中井教授が登場するわけです。中井教授によれば、スプリングエイトを使えば、プラスチック容器に付着している微量のヒ素でも鑑定できるというわけです。彼は鑑定を買って出て、その結果、どのヒ素にも同じ不純物の元素が同じように混じっている、だから、これらのヒ素は同じ工場で同じ時期、同じ原料、同じ製法で製造されたものであって同一のものだと結論したんです。不純物というのは、スズ、アンチモン、ビスマス、モリブデンでして、それらが原料の鉱石に含まれていて、製造過程で混ざったと言うんですね。使用されたヒ素が同じだというわけですから、使用された凶器が同じだというのと同じでして、この鑑定が、眞須美さんが犯人だとする決め手になったんです。

それを、河合教授が専門的な見地から検討したんですね。すると、中井鑑定はずさんで精度が悪く、とてもヒ素が同一かどうかを判定できるものではないことがあきらかになったんですね。そのことを科学的に論証してあるのが、「X線分析の進歩」四三号の内容ですね。河合教授は、スプリングエイトをはじめとする蛍光X線分析の著名な専門家です。

神保――もともと、二つのヒ素を比べると言っても、ヒ素はヒ素でしかないので、二つの同一性を見るためには混入している不純物を比べるしかない。二つのヒ素では、四つの不純物の元素の含有量が違っていたのですか。

安田――いや、そうではなくて、精度が悪くて、同じかどうかさえ区別できない鑑定だったということです。

神保――それに対して、中井教授は反論されたんですか？

安田――はい。中井教授は、学術論文ではないから素人にわかりやすいようなものにしたと弁明しています。

神保――それが、「鑑定書としては十分」という言葉の意味ですか。

安田――そうです。しかし私に言わせれば、裁判だから簡単でいいとか、説明不足でも構わないとか、そういうことは許されるはずがないと思います。それで有罪無罪が決まるわけですから、学問の場面よりももっと厳密さが要求されると思うんですがね。

神保——中井教授は、鑑定にかける時間が十分になかったとも言われていますね。

安田——そうです。わずか二週間あまりでやらなければならなかった、緊急を要したので、厳密にやる暇がなかったとも言っています。それはつまり、期限内に眞須美さんをカレー事件で起訴するために急ぐ必要があったわけです。

神保——そして、河合教授がまた新たな事実を発表された。

安田——最近、河合教授は「X線分析の進歩」四四号を出しておられて、そこでは、中井教授が分析を切り捨てていた鉄などの軽元素についてもその異同を検討し、またモリブデンの含有濃度の大きな差異を見つけ出して、中井鑑定と逆の結論、つまり眞須美さんの関係個所にあったヒ素と紙コップに付着していたヒ素とは別物であると結論されているんですね（＊1）。

神保——確認ですが、河合教授の解析は保全されていた当時の証拠を再鑑定したものではなく、中井教授が鑑定したデータを再解析したのですね。

安田——そうです。蛍光X線分析は、対象物に放射光を照射して励起されるX線の光子の数をカウントして含まれる元素の種別と量を分析する方法だそうです。ですから、出てくるデータは整数値なんですね。これを生のデータ、ローデータというのだそうですが、河合教授は、中井教授が計測したローデータを入手してそれをもとに分析しています。他方、中井教授は、ローデータをエクセルで折れ線グラフにして、これを目で見て似ているかどうかを判断して、異同の判断をしているんですね。具体的には、「スズとアンチモンを示すピークがほぼ同じ高さ、ビスマスはそのほぼ数倍の高さ、そしてモリブデンが含まれている」という共通点があるから、同一物だというわけです。しかし、それでは、視覚的に似ているかどうかというだけですから、主観的であって客観性がないわけですし、しかもわずか四元素だけのファジーな比較ですから、およそ化学分析とは言えないわけです。

神保――河合教授が同じデータをより丁寧に、そして具体的に解析したら違う結論が出たと。安田さんは河合先生の再解析の結果を聞いたとき、驚きましたか。

安田――そうですね。私たちも以前から似たような疑問を主張していましたが、やはり専門家の意見は説得力があります。特にスプリングエイトは、万能ではなくいろいろと限界のある装置だったんですね。

ちなみに、この事件には別の新しい事実も浮かび上がっています。今、検察庁に証拠として保管されている紙コップがあります。犯人はこのコップでヒ素を持ち込み、カレー鍋の中に入

（＊1）その後も河合教授は、次々と事実を解明し、①眞須美さんの手元にあったヒ素は紙コップのヒ素より濃度が薄く、別物であること、②製造時に混入したとされる不純物の濃度が異なっており、別物であること、③科警研や中井教授は、別物であることに気づいておりながら意図的にそれらを隠蔽しており、鑑定自体に不正があること、④眞須美さんの毛髪にヒ素が付着していたという鑑定についても、鉛をヒ素と誤って分析したものであること等を科学的にあきらかにしている。

れたとされています。私も二年前に実物を見ました。ところが事件当時、現場で押収されたのは別の紙コップでした。

神保——たしか、コップの色が全然違ったんですよね。

安田——当時の写真を見ると、紙コップは青色です。その紙コップにヒ素が付着していたと言われていた。しかし、今検察で保管されている紙コップは違う色なんです。

神保——色が変わったということですか。

安田——紙コップということでは同じですが色が違う。もっと決定的なのは、当時鑑定した紙コップの中には黒い汚れが付いていました。写真を見ると、円状の汚れは下方向に円が開いているのがわかります。しかし、現在保管されている紙コップには、同じような汚れが付いていますが円は左上方向に開いていて、形が違います。

神保——形も違うんですね。

安田——色は違う、中の汚れ方も違う。要するに、全然違うんです。つまり、どこかで入れ替わったわけです。

神保——証拠が？

安田——もう一つ怖いことが起こっています。和歌山県警に科学捜査研究所（科捜研）という組織があります。県警内にあって、科警研と同じように科学捜査をやっているところです。そこの技官の一人が鑑定の資料を書き換えたり、鑑定書を偽造したりしていたために、先ごろ起訴されたということです。

神保――カレー事件の資料を書き換えていたんですか？

安田――カレー事件の鑑定や証拠物の保管にも関わっていた人ですが、わかりません。

神保――でも、別の事件の証拠は書き換えていた。

安田――ここ二年くらいの間に起きた事件だということです。しかし私たちは、すでに紙コップが別物に入れ替わっているという意見書を提出していました。しかし、検察は一年間くらい応答しませんでした。その間に、和歌山県警が記者会見を開いたんです。じつは科捜研の技官が鑑定の資料を入れ替えたり、鑑定書を偽造したりしていたという事実を公表した。そのときに、「しかし、カレー事件についてはそのようなことはやっていません」とわざわざコメントしました（問題となった技官は、後に自殺した）。

しかし、鑑定の結果もおかしいし、証拠物も入れ替わっている。調査に関わった技官はここ二年間だけで六件くらい証拠の入れ替えをしている。これから、新しい事実が出てくるのではないかと期待しています。

「見立て違い」はそのまま強行される

神保――ここまでの話で、安田さんはどのような仮説が成り立つとお考えですか？

安田――捜査の初期段階で事件の見立て違いが起こった。しかし、その間違いを修正しないまま突き進んでしまったということではないでしょうか。最初は警察もマスコミも食中毒と発表していた。ところが、翌日になって青酸反応が検出されて毒物混入事件、つまり殺人事件だということになった。のちに青酸ではなくてヒ素だったことがわかるんですが、それでマスコミは眞須美さんを「この人が犯人だ」と標的にした。夫の健治さんがかつてシロアリ駆除業をやっていてヒ素を扱っていましたから。

神保――テレビでは彼女の単独インタビューまで流れました。

安田――そうして、警察に対して彼女を逮捕しろというプレッシャーをかけた。特に朝日新聞が果たした役割は大きかったですね。この事件は、小さな新興住宅地で起こった事件です。住民かその関係者が犯人である可能性が高い。地域では、早く犯人を捕まえてもらわなければ自分たちは安心して生活ができないという状況が生まれていた。だから、ますます見立て違いの方向に突っ走ってしまったのではないか。ただ警察としては、少々先走っても、どうせ犯人は彼女だろうし、逮捕して自白させれば一件落着すると考えていた。しかし、眞須美さんは自白をしなかった。客観証拠も出てこない。なんとしても客観証拠を出さなければならなくなった。その結果、出てきたのがこの中井教授の鑑定結果だったわけです。

裁判所も認めていることですが、この事件に直接証拠はありません。眞須美さんの不審な行動を見たという目撃者の証言にしても、その中身は、「ヒ素が入っていないほうのカレーの鍋を眞須美さんが開けたところを見た」というだけなんです。

神保――鍋は、いろいろな方が交代で番をしていたんですよね?

安田――ええ、彼女はそのうちの一人でしかありません。彼女の不審な行動という話は決め手にはならない。それなのに、裁判所は最終的に有罪と認定した。だから、時間が経てば経つほど新しい事実が出てくるし、眞須美さんが犯人だという話が崩れていくと思います。

神保――今回かなり有力な証拠が出ました。再審の道は開かれたと見ていいのでしょうか?

安田――いえ、いえ、再審は一般の人には計り知れないほど厳しいものです。名張毒ぶどう酒事件にしろ袴田事件にしろ、記録を見れば誰もが疑問に思うようなケースでも再審の扉はなかなか開きません。彼らは、最高裁までもが間違えて死刑にしてしまったと認めてしまえば、司法そのものの権威が地に落ちてしまうと考えているのでしょう。

神保――しかし、そのために冤罪をそのままにしておけば、権威より大切な法そのものへの信頼を失いかねない。

安田――ＤＮＡ鑑定のように決定的なものが出れば別ですが、この事件のようなケースではまだまだ言い逃れられると思っているでしょう。東電ＯＬ殺人事件のように、直接証拠だと言われていたものが別人のものだったのであれば仕方ありませんが、和歌山カレー事件の場合はまだ間接事実の一つが崩れたというだけです。おそらく裁判所は、まだ二つくらいは有罪にできる要素が残されていると言うのではないでしょうか。

神保――では、再審が認められる可能性は？

安田――なかなか難しいでしょう。彼女を有罪にしたすべての要素を潰し尽くさない限り、再審は開始しないのではないかと思います。

宮台――先ほどの「検察の主張」を検証すると②、③、④番はすでに証拠としてまったくダメですよね。しいて言えば①が残っているくらいですが。

安田――眞須美さんが一人でいた瞬間がある。

宮台――そんなことだけで死刑にできるとすれば、おかしくありませんか。検察の主張に合理的な疑いを差し挟む余地が、いくらでもあります。

安田――しかも、犯人がヒ素を入れたのは一二時台とされていますが、実際にカレーが配られたのは五時です。その間に味見をする人がいてもおかしくない。

神保――眞須美さんにしてみれば、自分の娘さんもそのカレーを食べる可能性があったわけですよね。それに、そもそも彼女が、誰を何のために殺そうとしたのかがわからない。でも判決文を読むと、「動機がわからないことが、やっていないことにつながらない」と書いてあるわけです。

安田――たしかに動機のない殺人もありますが、今回がそういうケースだということにはならない。犯人の動機すらもあきらかになっていないのに、どうして彼女を犯人だと言えるのか。ヒ素を入れる瞬間を見たという目撃者がいるとか、あるいは指紋が残っていたのなら話は別です。しかし間接事実だけしかなく、動機もわからない。これはもう間接事実そのものが成立していないと言っていいのではないかと思います。

神保――一審では動機として「激昂説」なるものが主張されました。眞須美さんが「かっとすると何をしでかすかわからない性格だから」、というものです。検察はあれは途中で引っ込めたのですか？

安田――あれは検察が立証できなかったんです。彼女が近所の人たちから悪口を言われ、浮いていたので、カッとなってヒ素を入れたという説です。しかし調べてみると、彼女は近所の人たちと仲が良かった。とくに裏の家に住んでいる人とは一緒に食事をするほどでした。

神保――それで、動機不明に落ち着いた。

安田――だから裁判所は、「未必の故意」だと認定した。彼女は殺そうと思ってやったわけではない。ヒ素を入れると誰かが死ぬかもしれない、だけど、まあいいやと思ってやった。でも、カレーの中にヒ素を入れるような人が、誰かを殺したいとも思わずにヒ素を入れますか？　結局、この話も架空なんです。

動機はわからない、故意も薄まっている。でも有罪にしてしまった。もし本当に「未必の故意」、つまり殺そうとしたわけではないのだとしたら、それこそ死刑という判決はあまりに重すぎると。この点でも裁判所は矛盾しているわけです。

本当に殺人事件なのか？

神保――日本ではどうして再審の扉がなかなか開かないのか。この問題について、恐らく日本で最も多くの無罪判決を出した裁判官として知られる元裁判官で、現在は弁護士をされている木谷明さんにインタビューをしています。木谷さんは「白鳥・財田川の決定以後、再審請求はとても厳しくなっていた。それが、足利事件以降、ようやく再審が通るようになってきたと思ったら、名古屋の名張毒ぶどう酒事件の後、また非常に厳しくなっている」ということでした。安田さんはどう思われますか？

安田――その通りですね。付け加えるなら、再審は裁判所が、前の裁判所の判決を間違いだと宣言するものです。先輩裁判官もいるし、日本の司法をどうするのか、政治的思惑や判断もあります。常に消極的、懐疑的になる、セーブが働くことが、再審がなかなか行われない理由の一つでしょう。特に死刑事件の場合は顕著で、免田さんをはじめとする四件の死刑冤罪事件以外は絶対に認めようとしませんね。

　そもそも再審の開始決定＝無罪という運用自体、間違いだと思います。再審を申し立てて新たな証拠を出してくる場合には真摯に耳を傾けてほしい。そして、あらためて法廷でしっかり審議すべきです。

神保——でも、一度は合理的な疑いを差し挟む余地がないと思って有罪としたが、後に新たな証拠が出てきて、合理的な疑いを差し挟む余地が出てきたのであれば、再審を開始しないのはおかしい。しかし、今は無罪がほぼ確定のときに限って再審が始まります。木谷さんがもう一つ指摘されていたのが、検察の抗告の存在でした。裁判所が再審を認めても、検察が抗告してくるのが裁判所にとってはプレッシャーになっていると。抗告されると、再審を決定した裁判官の判断が、他の裁判所で審査されることになる。だから、誰が見ても明らかに無罪だという場合以外は、裁判官は再審の判断はしづらい。そういう現実もあるようです。

安田——私は、再審の法律を作るべきだと言っているんです。そもそも、再審については法律的な規定がほとんどない。刑訴法に少し書いてあるだけです。再審の申し立てをする人＝請求人の権利などについてはほとんど規定されていない。

神保——法律に規定がないから、再審が認められにくいというのも、ひどい話ですね。すでに一旦は死刑が確定している和歌山カレー事件の場合、再審請求以外に何か次の手立てはあるのでしょうか？

安田——今私たちは、検察官の手持ち証拠の全部を開示するように求めています。この裁判は、ヒ素は眞須美さんの家にしかなかったという前提で進められてきました。しかし、実際にはいろいろなところにヒ素があったことがわかっています。そういうデータがすべてわかると分母が広がります。目撃証言も同じです。現場には眞須美さん以外にもいろいろな人が出入りしていました。どんな人がいたかという目撃供述もあるはずです。それもすべて出してほしい。

それから、ヒ素の鑑定についても、新しい技術で、新しい知識の下にもう一度ゼロからやり直してほしいと請求しています。当時、スプリングエイトは最先端の技術でした。しかし、最先端の技術ほど恐ろしいものはありません。私たちは最先端の技術を、有罪を証明するために使ってはならないと考えています。なぜなら、誰でもアクセスできるわけではありませんし、間違いがないと十分に検証されているわけではありませんから。もっとも、無罪を証明するためには使ってもいいと思います。無罪推定の原則がありますから。

神保――最先端と言われると誰も反論できませんからね。

安田――そうです。私たちはスプリングエイトのような巨大な施設を動かすことはできません。ただ、ここ一五年くらいの間に、小さな箱くらいの分析機器でもスプリングエイトと同じくらいの能力を持つようになったと言われています。反面、当時注目されたスプリングエイトは、今はほとんど使い道がないとも言われています。皮肉な話ですが、和歌山カレー事件という「成果」のおかげで今でも予算がついているという指摘もされています。ヒ素の鑑定は、DNA鑑定をやり直すのと同じです。それを是非やるように要求しています。

神保――安田さんのお話を聞き、河合教授の論文を読んだ限りでは、林眞須美さん犯人説はとても立証されているとは言えないように思います。でも、だとするとこの事件は別に犯人がいて、その人物が眞須美さんの犯行のように見せかけたということですか。

安田――私たちは証拠を一つひとつ見ていった結果、これは殺人事件ではなく、いたずら事件であると結論付けています。それがヒ素だということを知らずに、カレーの中に入れてしまったのではないかと。

神保――たとえば、子供とか？

安田――その可能性は十分あります。現場には鍋が四つありました。二つはカレーの鍋、残りの二つはおでんの鍋です。ヒ素が入れられたのはそのうちの一つです。もし誰かを殺すつもりなら、すべての鍋にヒ素を入れるはずです。しかも、ヒ素は耳かき一杯程度で何人も殺せる強い毒です。それを一六〇～一七〇グラムも入れている。犯人の感覚は常識を超えています。だから、真犯人はヒ素の怖さを知らない。そういう人がいたずらでヒ素を入れた。もしかすると殺虫剤程度に思っていたのかもしれません。だから、警察も検察も見立てを誤ったのではないかと思っているんです。

神保――ちょっとしたいたずらのつもりが大変なことになって、今さら言い出せなくなってしまった。その間に、メディアが眞須美さん犯行説を煽り始め、事態がおかしな方向へ転がってしまったというわけですか。

安田――仮に眞須美さんが犯人だとすると、カレーの鍋にヒ素を入れて彼女に何の得があるのでしょうか。彼女は一銭も得をしないんです。

宮台――今日、印象的だったのは、行政官僚と同じく司法官僚も、真実や妥当性よりも組織の温存に走るということです。行政官僚制における無謬《むびゅう》性の原則の背景には、利権の継承だけでなく、「先輩を立てる習慣」も含まれます。先輩の誤りを後輩が指摘するなんて滅相もない。体育会などで見られるある種の仲間意識です。仲間を売るわけにはいかない、世間的には非難されても仲間内では褒められるという、公共性をないがしろにした共同体意識が前提にあるわけです。

再審請求は、明らかに無罪だという証拠が出れば通る。なぜなら、それでも通さなければ司法の権威が傷つくからです。しかし、そうでなければ通らない。やはり司法の権威が傷つくからです。司法の権威こそが最優先で、被疑者の人権や検察側の見極めについては二の次になっている。しかし、司法の権威や威信以前に、そもそも、それは「司法と呼べるのか？」ということです。

疑わしきは罰する

神保――もし再審が始まるとすると地裁からですか？

安田――確定したところからです。たとえば一審が無期懲役、二審が死刑、そしてそれが確定すれば、確定した二審からになります。

神保――この事件の場合は？

安田――和歌山カレー事件の場合は、一審の死刑が高裁、最高裁を通して確定したので一審の地裁に行きます。

神保――ということは地裁の裁判官が、最高裁が間違っていたかどうかを判断しなければならないわけですか。

安田――ええ、最高裁の裁判官は頂点にいる人ですから、その下にいる者が上司の間違いを指摘するのは難しいでしょうね。

神保――最高裁判決を出したときの裁判官が全員引退していたらどうですか？

安田――最高裁は裁判官だけでもっているのではなく、調査官や事務総局でもっているんです。判決を事実上決めているのは調査官です。この事件の裁判長は那須弘平さんで、もう引退していますが、調査官は残っています。今はおそらく高裁の長官か、地裁の所長をしているはずです。

神保――そうか、地裁の裁判官は最高裁の裁判官ではなく、調査官の顔色のほうを気にするのか。

安田――事務総局の幹部は全部裁判官で占められています。彼らは司法行政を担っており、裁判の中身やその影響にも目配りをしています。

神保――なるほど。でも、この事件はもともとメディアが作った事件という側面があります。これからでもメディアがこの事件の顚末をきちんと報じて、さすがに死刑はおかしいという世論が形成されれば、再審に影響する可能性はありませんか。

安田――しかし、メディアがこの事件についておかしいと言い出すのは、自分たちの先輩がおこなった過去の報道がおかしかったということになりますから。

神保――メディアも先輩を否定することになるわけだ。

安田――とはいえ、少しずつ変わっているのは確かだと思います。

宮台――今マスコミは、インターネットやSNSの世論を非常に気にするようになっています。ボストンマラソンの爆弾テロ事件（＊3）で、アメリカではSNSを通じてデマが飛びかい、それを信じたマスコミが誤報を連発したという失態がありました。それと同じメカニズムが反対に働くということを期待したいですね。まずは、これを読んだ方が、率直に思われたことをインターネットなどを通じて発信していただきたい。そのようにしてリアリティの根本的な部分から人々の目が開かれていけばと思います。林眞須美さんが犯人に決まっているという自明性が崩れ始めると、これまでの話に異を唱える情報を、マスコミも出しやすくなるはずです。

神保――司法と同じように、メディアも自分たちの威信が傷つくことを恐れますからね。

宮台――この事件に対するメディアの扱いはおかしいという世論がインターネットで広がっているのに、メディアがそれを無視していると、今度はその態度自体がメディアの威信を傷つけることになります。その相転移が起きる方向にいけばいいなと思いますね。

神保――この事件に頬かむりすることのリスクが、間違いを認めてでも報じることのリスクよりも大きくなれば、メディアも動き出す可能性が高まりますね。裁判所もメディアも同じでしょう。

宮台――林眞須美さんのことを私的に話題にすると、僕たちがこれだけ取り上げているのに、いまだに「えっ、彼女が犯人じゃないの？」と反応する人がほとんどです。ほとんどの人が冤罪の疑いがあることについて知りません。

神保――でも、僕がいちばん愕然とするのは、そういう話をした後に、「だからといって、眞須美さんが犯人ではないことが証明されたわけではないでしょ？」なんて言う人がけっこういることです。

安田――そうですね。やはり有罪とは何なのか、誤判を防止するには推定無罪しかないということが、日本ではまだまだ理解されていません。

神保――アメリカの映画やドラマを見ていると、「beyond a reasonable doubt」という言葉がしょっちゅう出てきますが、それを日本語に訳した「合理的疑いを差し挟む余地なく」という表現は、残念ながら日本では一般にはあまり馴染みがありませんね。

安田――やはり、疑わしい人をどんどん罰していこうということが日常的に平気で行われているわけです。最近は逮捕されただけで会社を解雇されたり制裁を受けたりすることが増えてきました。

（＊3）二〇一三年四月、アメリカのマサチューセッツ州ボストンで、ボストンマラソン開催中に発生した爆弾テロ事件。三人が死亡、二八二人が負傷したとされる。

昔は裁判で有罪にならない限り簡単に解雇はされなかったのですが、今は昔より状況が悪くなっているのではないでしょうか。

神保――日本では公務員は起訴されただけで停職になります。それについて人事院に無罪推定との兼ね合いで理由を尋ねたら、「裁判に専念できるようにそうしているんです」みたいなことを言われ、ドヤ顔をされました。

宮台――本当ですか？

安田――最近は停職もなくなって、即解雇できることになっています。

神保――起訴だけで？

安田――はい。昔は「起訴休職」という制度がありましたが。

神保――作家の佐藤優さんが「起訴休職中」という肩書きで長らく執筆活動をされていましたね。ちなみに、イギリスでは再審のためだけの独立行政法人「刑事事件再審委員会」が一九九七年に作られています。この行政委員会は十分な人員と強い調査権限を持ち、再審の可否を独自に判断する非常に強い権限を与えられているそうです。

安田――私も視察に行ったことがあります。バーミンガムにあるのですが、組織としては王立の委員会として設置されています。他の機関の影響を受けない独立した組織で、大きな権限を持っています。すべての国家機関にアクセスできます。具体的には、警察のコンピュータの中にも入って証拠を見ることもできる。つまり、公的機関はこの委員会に対して黙秘権がないんです。

神保――安田さんが今、開示請求されているような証拠を、彼らは全部見ることができるわけですね。

安田――しかも裁判官だけではなく、弁護士、公認会計士、経営コンサルタント……いろいろな職種のメンバーがいます。彼らがすべての情報にアクセスして、再審を開始するかどうかを決めます。私が視察に訪れたのは設立されて五年目くらいのときですが、すでに三〇〇件を超える開始決定をしていました。開始決定が決まると、裁判所で裁判をします。開始決定のハードルを低くして、裁判をやり直すという仕組みです。

神保――この委員会は一九九七年の設立以来、二〇一一年一一月までの一四年間に一万四〇〇〇件を審査し、うち四五八件の再審を勧告。そのうち三二〇件で再審無罪判決が言い渡されています。日本でも近年、足利事件をはじめ冤罪事件が相次いで明らかになっていますが、再審制度のあり方をめぐる議論にはなかなかなりませんね。

安田――イギリスでこの委員会ができた契機は「バーミンガム・シックス事件」だったと言われています。一九七四年、バーミンガム州の二カ所のパブで死者二一人、重軽傷者一八二人を出す大爆発が起こり、無実の罪に問われた六人の男性が終身刑で一六年間服役したという、英国史上最大の冤罪事件です。

　この件については、弁護士も裁判官も検察官も「法曹界の恥だ」という点で一致しました。そこで従来の再審制度とは違う、全く新しい制度を作ろうということでできたのがこの委員会です。日本では、冤罪事件が起きても何も作ろうとしていません。反省をしないし、責任は追及されていないんですね。

神保――政治家も叩けば埃が出るような人が多いからか、司法制度にはあまり手を出したがりません。

安田――しかし、誤った裁判をしてしまうことの問題は、誰もがしっかりと見据えなければなりません。当事者やその家族にとっても、誤った裁判が人生のすべてになるわけですから。

宮台――バーミンガムのような、人事的な利害関係が切れた再審の制度を作るのは良いアイデアです。先ほど安田さんも言われたとおり、請求を通すと自分の先輩の顔に泥を塗ることになるシステムで審査をやらせるのは、そもそも無理がある。

安田――だとすると、やはり、それなりの新しい組織が必要になりますね。

神保――司法改革でも再審制度には手を付けませんでした。

安田――結局、処罰するほうには急で、正すほうには鈍なんですね。これで健全だと言えますでしょうか。

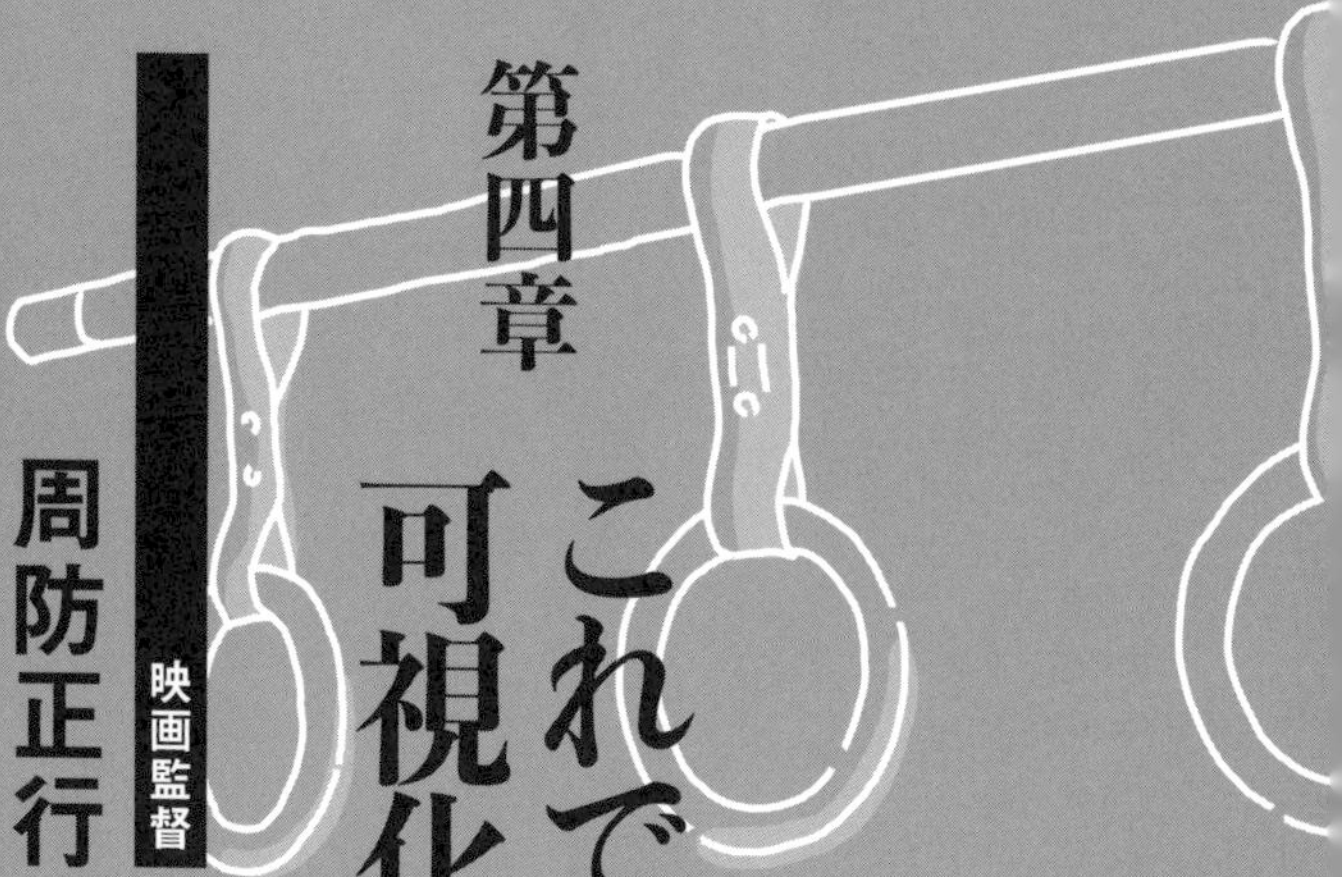

第四章 これでは取調べの可視化が進むわけがない

映画監督
周防正行

神保哲生×宮台真司

1956年東京都生まれ。映画監督。81年、立教大学文学部卒業。84年、監督デビュー。93年、映画制作会社アルタミラピクチャーズ設立。2011年より法制審議会・新時代の刑事司法制度特別部会委員。主な監督作品に『シコふんじゃった。』『Shall we ダンス?』『それでもボクはやってない』『終の信託』『舞妓はレディ』『カツベン!』など。

2014年5月26日配信

誰のための司法か

神保――今回は痴漢事件を通して刑事裁判を描いた二〇〇七年公開の映画『それでもボクはやってない』を監督された周防正行さんをゲストに、刑事司法の問題に迫りたいと思います。

宮台――近代裁判のあるべき本質は、法の適正手続き（due process of law）を経た上での司法的真実と、絶対的真実とでは、司法的真実が優先されるべきだということです。たとえ神から見た絶対的真実においてはその人間が犯行を犯していたとしても、検察がそのことを十分に立証できない場合には、当然無罪にならなければいけない。言い方をかえれば、「刑事裁判とは誰を裁くのか？　検察を裁くのである」と言えます。しかし、日本ではこれがほとんど理解されていません。神と違って人は不完全であるという認識が背景になっています。

神保――だから、「推定無罪」の意味も、「有罪《クロ》が決定するまでは無罪《シロ》」程度にしか理解されていない。

宮台――推定無罪の意味が理解されていないので、検察や検事の側に「この被疑者は本当にやっている」という確信があるなら、「適正手続きなんかどうでもいい、とにかく有罪にしちゃえよ」という論理が、日本のマスコミや一般民衆の間では常識になっています。

神保――さらに、日本では「本人が自白しているんだから有罪だろう」という考え方も支配的のようです。しかしこれまでの冤罪事件を見ると、ほとんどのケースで、実際には犯人ではなかった被疑者が長期に及ぶ高圧的な取調べによって虚偽の自白に追い込まれています。片山祐輔被告が証拠隠滅しようとしているところを見つかりすべての犯行を認めたPC遠隔操作事件でも、当初逮捕された四人の被疑者のうち二人は嘘の自白をしていました。日本のような密室の取調べが許されている国では、自白しているからといって本当に犯人かどうかはわからないことを前提に事件を見る必要があると思います。

宮台——そう。全くわかりません。アメリカでは、FBIが捜査方法を大転換し、今後は取調べを完全可視化すると宣言しました。それを聞いて「今までは完全可視化じゃなかったのか。日本と同じだ」と思う人がいるかもしれませんが、大きな違いがあります。アメリカの警察における勾留期間は最長で四八時間。これ

図表6　起訴前勾留期間の国際比較

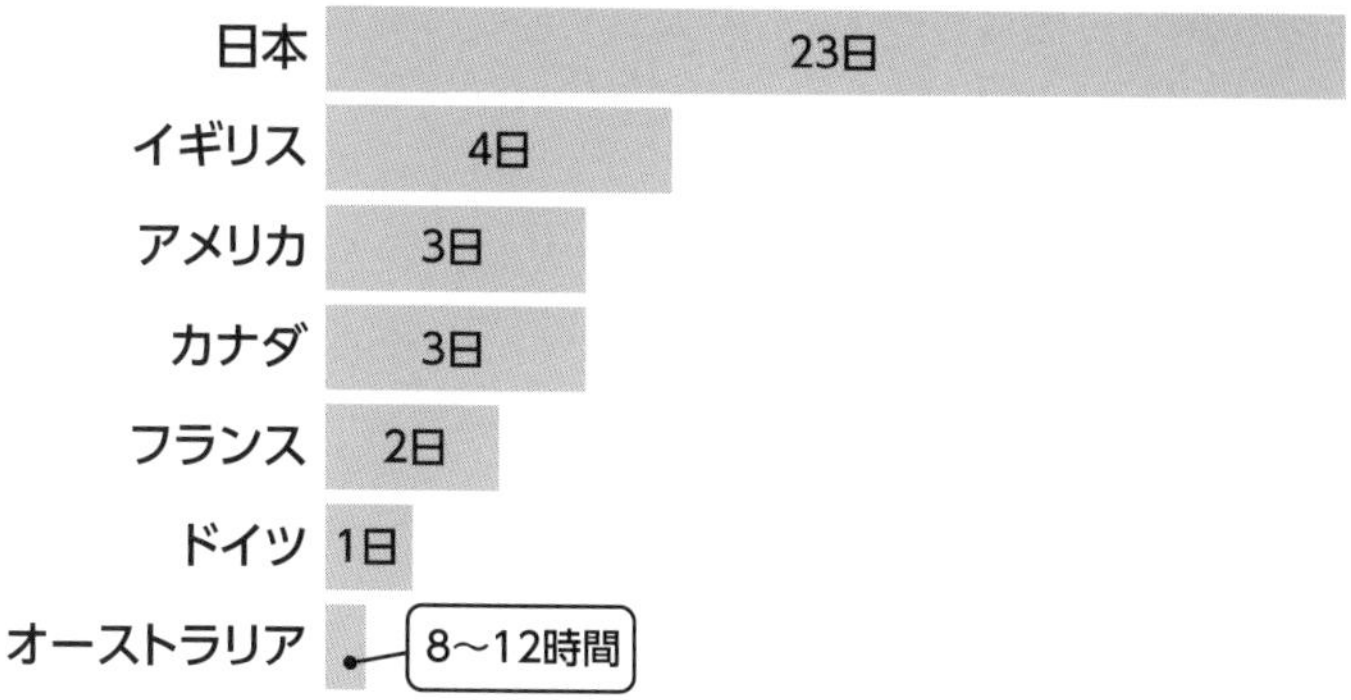

先進諸国の中で、日本の勾留期間は異常に長い。これが、カルロス・ゴーンの逃亡事件で広く認識されるようになった「人質司法」批判の根底にある
出典：各国の政府サイトより

に対して日本は最初に警察での任意捜査が四八時間、その後検察に送致され、一日の猶予があって、裁判所が認めれば最大二〇日の延長ができる。つまり、勾留期間は最大で二三日です。ヨーロッパはだいたい二日から四日です。

神保——日本では起訴するかどうかを決めるまでに二三日間の勾留ができる。この二三日という期間が被疑者にとってはとてつもなく長い時間となります。

宮台——しかも、PC遠隔操作事件でも痴漢事件でも、犯行を認めれば、「軽い犯罪だからすぐに出してやる」と言われる。確かに、場合によっては、罰金を払えばすむこともある。しかし認めないと言ったら、そこからは長い地獄の始まりです。

神保——否認を続けると、起訴後も勾留される可能性が高いし、現在の日本の刑事司法制度の下では、起訴されるとほぼ確実に有罪になる。そのとき、否認を続けた被告は、「反省の色が見られない」としてより量刑が重くなるというおまけまでついてくる。

宮台——そうすると多くの人は、「それなら、やっていなくても『やりました』と言ったほうが得だ」と考えます。というよりも、たとえ虚偽であっても、自白させるためにそう思うように仕向けるわけです。

神保——周防さんの映画の中にも、まさにそんなシーンがありました。弁護士が被疑者に、実際に犯行をやっていてもいなくても構わないので、とにかく罪を認めたほうが得ですよと諭すシーンです。やっていなくても罪を認めてしまったほうが得になるという事態が、実際に日本の司法システムの中に存在しているということですね。

宮台――これまでも、適正手続きよりも絶対的真実が重視されているのは近代法の理念からありえないという話をしてきましたが、これは、それ以前の問題です。日本の検察にとっては、無罪判決が出ることが失点です。そうならないためには、何としても有罪にしなければならない。そのためなら適正手続きはもちろん、絶対的真実だってどうでもいいという考え方になってしまっている。つまり、本当はやっていないと検事がわかっていても、自白させて有罪に持ち込むのです。

神保――だから日本の刑事事件における有罪率は九九・九％なんていうあり得ない数字になってしまう。

宮台――検察側が失点を避けるために、無罪になりそうな事件は前もって取り除いてしまうからです。要するにそれも、有罪率を上げることが何より優先されているからなのです。

神保――でも検察は一度起訴してしまったら、途中で間違っていそうなことに気づいても、もう後戻りはできない。推定無罪はよく「疑わしきは被告人の利益に」という言葉に置き換えられますが、日本の場合、一体、誰のための推定無罪で、誰のための司法なのかということです。

日本の司法制度の下では、適正手続きに大きな問題があることは、この番組の中でも繰り返し取り上げてきました。では、なぜいつまでたってもそれが変わらないのか。周防さんは法制審議会の「新時代の刑事司法制度特別部会」の委員を務められています。もともとはこの映画を作られたことが、審議会の委員に選ばれるきっかけだったんですか。

周防――そうだと思います。映画公開後、さまざまな機会に、司法制度について発言していたことも影響したと思いますが、結果として、日弁連の推薦で委員になりました。

神保――周防さんが委員を務める法制審議会の特別部会で今、司法のあり方や司法改革についてさまざまな議論が行われています。そのメンバーには法曹関係者、とりわけ裁判所や検察の関係者が大勢名を連ねています。しかし、ちょっと待ってほしい。法曹関係者というのは利害当事者であって、今回、改革されるべき対象です。利害当事者がメンバーの過半を占めている部会に、なぜ真に必要な改革が決定できるでしょうか。そのメンバーの中で、周防さんはかなり異色の存在です。他にどんな方が委員になっていらっしゃるのですか？

周防――最近（二〇一四年）、僕を含めた非法律家五人の委員で意見書を出しました。元日本経済新聞社論説委員の安岡崇志さん、北越紀州製紙常務取締役の松木和道さん、日本労働組合総連合会事務局長の神津里季生さん、厚生労働省事務次官の村木厚子さんです。法制審議会に非法律家が参加することはほぼないそうなので、その意味ではずいぶんマシなメンバー構成になったとある人には言われました。この他、非法律家で言えば、日本たばこ産業顧問の本田勝彦さんもいらっしゃいますが、本田さんは部会長をなさっていて、直接意見を述べる立場にないということで、この意見書のメンバーからは外れています。それから、被害者支援都民センター理事の大久保恵美子さんも非法律家のメンバーですが、立場上捜査機関側に賛同されることが多いです。

神保——今までは法曹界の利害関係者だけで議論されていたところに、今回は少数とはいえ「抵抗勢力」が加わったわけですね。

周防——はい、お陰様で対立しています（笑）。改革に消極的なのは、当然警察・検察関係者と意外にも一〇人の法学者のうちの八人です。現状の司法制度に批判的な法学者がほとんど選ばれていないからですが。取調べの可視化に消極的な人たちは、捜査手法の拡大には積極的です。一方裁判官は自らの責任に関わってくることには敏感で、何でも適正に行ってきたと反論します。本当に保守的ですね。弁護士の人たちは当然改革に積極的ですが、数が足りない。

神保——圧倒的に「多勢に無勢」状態ですね。

周防——このメンバー構成を見れば、すべての事件で取調べの全過程を録音・録画することに賛成する人は少ないだろうとすぐにわかります。

司法制度改革のポイント

神保——周防さんが司法改革のポイントとして挙げているのが、①取調べの可視化、②証拠の全面開示、③人質司法の解消の三点ですね。まず、②の証拠の全面開示から話したいと思います。現在の制度では、検察側が裁判で自分たちに有利な証拠だけを開示し、実際は捜査の過程で自分たちに不利な証拠が出てきても、それは開示せずにそのまま隠しておくことができるようになっています。周防さんの主張は、これをすべて開示しなさいということですね。少し前に、検察官が保管している証拠の「目録」を開示する事務当局試案が出されました（＊1）。

周防――証拠リストの開示です。ただ、そこで気をつけなければならないのは、リスト開示の対象事件は公判前整理手続きに付される事件だけですから、全体の二、三％にすぎない。だから、それで証拠開示が大きく進むとは言えないと思います。

神保――しかも目録だけだと、それが実際にどんな証拠なのかはわからないものが出てくる可能性が大きいですね。要するにファイル名しか開示されないので、ファイル名がその中身をきちんと反映していなければ、目録なんて出てきても意味がない。取調べの可視化、つまり録音・録画についてはどうでしょう。

宮台――検察は可視化しますと言っていますが、「なんだ、こんなものか」という程度なのです。

神保――これまで「部分可視化」だったものを、一応「全面可視化」にしましたが、今度は対象をすごく絞ってきましたね。

周防――そうです。先ほどの非法律家五人で出した意見書では、検察・警察とも、裁判員裁判対象事件の取調べは当然可視化する。ただ、警察の場合、すべての取調室にすぐ録音・録画設備を設けることは物理的に不可能だという意見もありました。ですから警察については、すぐにはできないだろう。しかし、検察はこれまでにも取調べ可視化を試行してきていますから、そんなに難しいことではないはずです。将来的には全事件の全過程で、警察も検察も録音・録画することを目指し、本意ではないですが、とりあえず、検察は全事件で全面可視化、警察は裁判員裁判対象事件だけ、という意見書を出したわけです。

神保——裁判員裁判対象事件は、全事件の二～三％ですから、九七～九八％は録音・録画されないことになります。

周防——ですから、僕が映画で描いた痴漢事件の取調べは録音・録画されません。軽微な事件はほとんどされない。しかし、実際には軽微な事件での冤罪が、僕たちが考えている以上に多いのではないかと思っています。三つ目の人質司法の問題とも関連してくることですが。

宮台——「自由になりたければ、やっていなくてもやったと言え。そのほうがおまえに得だぞ」と。身柄を拘束して、「自白しないと、一生ここから出られない」などと言うから人質なんです。脅迫に等しい「裏司法取引」ですね。

神保——少し前に、刑事司法改革に関する事務当局試案なるものが公表されました。周防さん、この試案は事務局からいきなり出てきたものなのですか。

（＊1）二〇一六年に成立した刑事訴訟法の改正により、検察官が保管する証拠の一覧表の開示が義務づけられた（同法三一六条の一四第二項）。しかしこれはあくまで「標目」を記した一覧にすぎず、しかも警察が保有する証拠や取調べメモなどは開示の対象とはなっていない。

【事務当局試案】骨子

● 取調べの可視化
A案：警察・検察とも裁判員対象事件のみ
B案：警察……裁判員対象事件のみ、
　　検察……裁判員対象事件＋身柄事件

● 証拠の開示
検察で保管している証拠の一覧表を交付（証拠の開示規定や手続きには言及せず）

● 人質司法
身柄拘束に関する判断のあり方についての、確認的な規定を設ける

周防――いきなりというか、一応会議での議論を踏まえた上ですが、実はこの中の、取調べの可視化のB案は、先ほど言った五人の非法律家の意見書があったから、かろうじて作られたという経緯があります。

神保――警察はB案には反対しているわけですね。

周防――そうです。だけど実はB案にも、参考人の取調べの録音・録画は抜けています。参考人の取調べもすべて可視化するとなると、限りなく被疑者に近い立場の参考人から、事件の目撃者、

さらには、事件について参考となり得る情報や専門知識を持っている人まで多岐にわたる。そこまで広げると数が多すぎるというのはわかりますが、本来やるべきなんです。

刑訴法三二一条一項二号というのがあって、「法廷で証言したことよりも取調室で話したことのほうが特に信用すべき理由があるときには、調書が証拠採用される」という恐ろしい法律があるんです。その調書を「二号書面」といいます。法廷での証言より特に信じるべき理由があると言っても、その二号書面が違法に作られた可能性もあるわけです。だから、その二号書面の任意性を担保するためにも可視化すべき、と言ったんですけど、受け入れられませんでした。この「特に信じるべき理由」が恐ろしいのは、「被告人と共謀して殺した」という共犯者の自白調書が作られたとします。ただし公判廷までの間にその共犯者が罪の意識に耐えきれなくなり、法廷では一転して「共謀していない、自分ひとりでやった」と証言すると、検察官は「被告人を前に共謀したとは言いにくいから嘘を言っている。だから取調室での供述のほうが特に信用すべき理由がある」として調書を証拠採用させる。そういうことがあるんです。

宮台――人質司法の重大な側面が参考人です。神保さんが参考人、周防さんが被疑者だとすると、「神保、おまえ、叩けば埃が出るだろ。しかし、おまえが『周防がやった』と言えば、そっちの罪は見逃してやる」と持ちかけることができる。これも人質司法です。

神保――いろいろなものを人質に取れるんですね。

検察にこそ適用したい性悪説

神保――証拠開示のほうはどうですか。

周防――証拠開示には一番不満があります。僕しか強く言わないからか、相手にされていません。僕は事前一括全面証拠開示を主張していますが、それに対する主な反論は二つあります。一つは、第三者のプライバシーを侵害する恐れがあるということ。もう一つは、その事件だけではなく他の事件の捜査にも影響を及ぼすので見せられないということです。その二つはよく言われることなので、予想していました。ところが、実際に、反対理由を述べた刑事訴訟法の学者は、「事前に被告人にすべての証拠を開示すると、すべての証拠に矛盾しない言い訳をするからダメだ」というんです。これには驚きました。すべての証拠に矛盾しない言い訳ができたら、それは無罪ということでしょう。しかし、その反論が取りまとめにも堂々と書かれていました。つまり事実上、被告人は有罪推定だと宣言しているに等しいわけです。その法学者は、法律は性悪説に基づいていると言いました。それなら、被疑者だけでなく警察官や検察官に対しても性悪説で考えてほしい。

神保――むしろ、警察・検察は権力を持っているのだから、より性悪説に立って考えないといけないはずです。

周防——証拠開示については全く納得できない理由で却下されているので、いまだに悔しいです。どうしてまともな議論ができないのだろう、と。そのことについて強く言う弁護士さんもいなかったので、ちょっとガッカリでしたね。

宮台——全証拠に矛盾しない証言でなければ、信用できないですよね。一部の証拠に矛盾している証言をどうして信用できるのだろう。全く意味がわからない（笑）。

神保——要するに、一部の証拠を出しておいて、それに反論できるシナリオを弁護側が作った場合に、後出しで別の証拠を出せるようにしておきたいわけですね。最初から切り札を見せられるわけがないと。

周防——そういうことです。後出しジャンケンです。僕は、再審事件における全面的証拠開示も強く言いました。これは東電ＯＬ殺人事件で再審決定をした、東京高裁の小川正持裁判官が口火を切りました。残念ながら、小川さんは人事異動で特別部会のメンバーを外れてしまいましたが、現場の裁判官が、自らが審理した事件で重要な証拠が隠されていた事実を目の当たりにして、再審における証拠開示の規則を作るべきだと言ったわけです。僕を含め一般有識者や弁護士が賛同しました。

しかし、この会議で特に話し合うべき証拠開示の問題は、通常審における証拠開示の問題であって、再審事件の証拠開示とは意味合いが違うという理由で優先順位が下がってしまった。テーマからはっきり落とされたわけでもないのに、いつの間にか議論の外に追いやられた。今回、再審の証拠開示については何も決められないままで終わりそうです。結局、試案に盛り込まれたのは、裁判員裁判対象事件、公判前整理手続きに付された事件について証拠のリストを開示するということだけです。

神保――検察が証拠請求しなかった証拠の中には、実は検察のシナリオに合致しない、彼らにとって不都合なものが含まれている可能性もあります。弁護側がその証拠の存在を知れば、被告人を無罪にできるかもしれない重要な証拠かもしれないのに、その開示義務がないというのはどう考えてもおかしいですね。

まあ、今回かろうじてリストが出てきそうなのは歓迎すべきことでしょうが、そのリストを見て、どこまで中身がわかるかは疑問です。僕が検察官で弁護側にリストを見せなければならないのなら、リストに載せる証拠名には内容が推察できないような名前を付けると思います。特に不都合な証拠はそうするだろうなあ。

周防――はい。リストにどこまでの内容を書くかも争点です。書き方を検察官個人に任せてしまうとバラツキが出るので、ガイドラインが必要です。おそらく供述調書だと、何月何日誰々の供述調書くらいだろうと思いますが。

神保――三点目の人質司法については、試案には「身柄拘束に関する判断のあり方についての確認的な規定を設ける」とあります。ちょっと意味がわかりにくいですが、これは、どういう議論から出てきたものなのですか?

周防――刑事訴訟法には、勾留の要件が書かれているわけです。罪証隠滅とか逃亡の恐れがあるとき勾留すると。しかし現実には、否認していれば勾留するという運用になっている。それが人質司法です。中世的だとまで言われている日本のやり方を何とかしたいというのが、弁護士や非法律家五人の主張です。

具体的には、勾留と在宅の間に、中間的処分を設ける。容疑を否認していて、証拠隠滅や逃亡の可能性がないとは言えないが、勾留するまでもない者は在宅のまま、必要があれば警察や検察に呼べばいいということです。ただ逆に、今まで在宅で済んでいた人が出頭義務を負わされる事態が生じる可能性もあります。そもそも、出頭義務に取調受任義務が含まれるのか。これついては学者の間でも議論があるために、中間的処分を設けるという具体案を盛り込むことができませんでした。しかし、取調受任義務がないのが前提のはずです。ややこしい話ですが、法律に照らせば、勾留は「取調べるため」の措置ではない。罪証隠滅や逃亡をさせないために勾留するだけです。だから取調べを受ける義務はない、と考える法学者が多いのです。

警察・検察関係者、裁判官は人質司法と言われる事実はない。すべて適正に判断して行っている、という認識です。それでもなんとかして、人質司法という現実があるということは伝えたかった。それで法律の中に「勾留は人間の権利である自由を奪う極めて重大な人権侵害であるから、厳密に判断すべきだ」といった補足をせめて付けたいと考えたわけです。

神保――それが「確認的な規定を設ける」の意味ですか。

周防――人質司法があるということを認めない人が大勢を占めている中では、これが精一杯でした。

神保――取調べの可視化に関しては例外が盛り込まれています。ある特定の条件の下では、録音・録画をしなくてもいいと書かれているのですが、A案でもB案でもこの例外は認められるんですか？

周防――認めたくないですが、多勢に無勢で押し切られてしまうかもしれません。ただ、例外規定をどの範囲で設けるかで争いがあります。

神保――「可視化で十分な供述を得られないと認められる場合」なんていうのが例外の条件になり得るのなら、ほとんど録音・録画をやめたくなったらやめても良い、という意味になりませんか。

周防――法務省に確認したところ、「録音・録画をしているとこの人は何もしゃべらない。だから、録音・録画しませんでした」と裁判で申告する際には、取調官が裁判官を説得できる理由を示さなくてはならないが、そのハードルはかなり高いはずだから、そう簡単に録音・録画をやめることはできないはずだと言うのです。

宮台――その見解はかなり疑わしい。裁判官が適正に判断するから大丈夫というのと少しも変わらない。検察官性善説に続いて、今度は裁判官性善説というわけですか。

周防――そういうことです。裁判官が、取調官の言うことをきちんと判断してくれるなら良いけれど、一体どこまで見極められるか、非常に心もとない。

人質司法と刑事捜査

神保――日本では事件発生後、被疑者が逮捕されてから二三日以内に起訴するか、不起訴もしくは起訴猶予にするかを決めなくてはいけない。冒頭で話したように、検察は最長で二〇日間勾留して取り調べることができますが、最初から最長で二〇日と決めればよさそうなものを、なぜか一〇日＋一〇日で合わせて二〇日という仕組みになっています。これには深い意味があって、私が取材した人たちの話では、勾留中の被疑者にとっては最初に一〇日間勾留されてから、さらに一〇日間勾留が延長されるかどうかが、とても重大な意味を持つのだそうです。最初の一〇日の終わりのほうになって、被疑者に「もう一〇日間はとても耐えられない」と思わせるのが重要で、そのときが、自白させる絶好のタイミングだそうです。だから、二〇日ではなく一〇日＋一〇日になっていることに意味があるんだと。

そもそも、二三日間も勾留しておいて、その間であれば、いつ被疑者が自白しても、自白の任意性が認められるようなことで、本当にいいのでしょうか。仮にその被疑者が犯人だったとしても、本来自白というのは本人の自由意志に基づいて行われるべきものであって、長期の勾留で精神的に追い込んでいって犯行を認めさせるのは本来的な意味での自白ではないのではないでしょうか。

いずれにしても先進国の中では日本の勾留期間は異常に長い。国によって多少のばらつきはありますが、だいたいどこでも三日を超える勾留に基づく自白は、裁判で任意性が認められないというのが先進国のスタンダードになっているようです。そうした中で二三日というのは桁違いに長い。しかも日本の場合、自白をしなければほぼ間違いなく二三日間は勾留が認められるし、否認をしていると起訴後も勾留され続ける場合が多い。

周防――そうですね。ただ痴漢事件に関しては、否認していても勾留期間は短くなったり、すぐに釈放されているそうです。それは現場の弁護士さんも実感しているし、裁判官も口を滑らせていました（苦笑）。

宮台――そうだとしたら、それは周防さんの映画の効果ですよ。

周防――どうでしょうかね。僕が取材していた当時は、痴漢事件における勾留は起訴後も続いていました。一番多かったのは被害者の証人尋問が終わるまでです。それは、釈放されたら被害者を脅しに行くかもしれないという理由だそうです。裁判官が、今は痴漢事件で否認しているからといって勾留することはありませんと言っていましたから、昔はあったということですね。要するに人質司法はあったと裁判官が認めたようなものです。

神保――何日勾留されるにせよ、逮捕されてしまえば仕事上の約束も何も一切考慮してくれませんからね。

宮台――それどころか、マスコミに報道されるので基本的には会社にいられず、職を失ってしまうでしょう。

周防――家宅捜索をかけるという脅しもあるんです。捜査員が押しかければ近所の人にも知られるし、アダルトビデオでも発見されようものなら、さらに疑われると心配になるでしょう。

宮台――映画にもそんなシーンがありましたね。

神保――どうしてアダルトビデオを持っていることが、痴漢に結びつくんですか。

宮台――心証をコントロールするためです。痴漢もののビデオなんか持っていたら「興味があったんだろう」ということになる。

神保――自宅や職場に捜索に行くぞというのは、脅しとしてはかなり効きそうですね。自白さえすればそのような事態が避けられるなら、やっていなくてもやったと言ってしまう人は多いでしょうね。

周防――逆に、本当にやっていたら、すぐに自白したほうがいい。「やってない」と言い張っても、いいことは一つもありませんから。

神保――否認していると、反省がない証拠とされ、量刑がより重くなる傾向がありますからね。周防さんの映画の中で弁護人役の役所広司が言っているとおり、日本の刑事事件における有罪率は九九・九％です。検察が公訴権を完全に独占しているので、検察がこの事件は有罪にするのが難しいと判断したら不起訴もしくは起訴猶予にして、有罪にできると判断したものだけを起訴していますから。かつては、この九九・九％という数字があたかも日本の検察の優秀さの証であるかのように語られていました。しかも、検察が勾留を請求し、それが認められる確率も九八・六%、つまり、ほとんどの刑事事件で検察は勾留を請求し、そのほとんどが認められているということです。

有罪率については、さすがに今はそのカラクリを理解している人が多少は増えているようですが、それでもまだ九九・九%という数字を持ってきて、日本の検察はとても優秀だと信じ込んでいる人が結構多いようです。

宮台――周防さんの映画で、もう一つ重要だと思ったのは、裁判官が平均で二〇〇件の案件を抱えていて、しかも九九・九%が有罪だということです。裁判官は「どうせ有罪になるのに、なぜこの男は無罪を主張してるんだ」という心理に陥ることは容易に想像できます。そうなってしまえば、推定無罪を前提に被告人の供述を吟味する、あるいは、それを勘案しながら検察の出した証拠を徹底して吟味する、という裁判官の動機づけは生じにくい。むしろ、結果ありきの裁判を指揮しかねない。

日本の司法は「江戸時代」

神保――周防さんは、そもそも、日本の司法はなぜこんなことになってしまったのだと思いますか。

周防——いろいろな要素があると思います。たとえば日本人のものの考え方の中に、悪いことをした人は必ず捕まって裁かれるものだという信念というか、信仰のようなものがあります。捜査機関はそれに応えようと無理をする。欧米では、罪を逃れた人は、人が裁かなくとも神によって裁かれると考えるそうです。だから「一〇人の真犯人を逃すとも、一人の無辜を罰するなかれ」と言えるのかもしれません。それから、ある弁護士に教えられて、自白調書の歴史について書かれたものを読んだのですが、日本では江戸時代から自白調書を取ることが行われていた。口書《くちがき》といって、今の調書にあたるものです。江戸時代には、動かぬ証拠といっても指紋や血液型といった客観証拠はない。あってもせいぜい目撃証言でしょうが確実ではない。だから、捕まった本人の「私がやりました」という自白が動かぬ証拠になる。「私がやりました。すみません」という一筆が刑罰を科す根拠、つまり有罪の根拠になる。日本の刑事司法は、自白を免罪符として今日まできたのだなと強く感じました。

宮台——検察にあまりにも強大な権力が集中しすぎていて、検察をコントロールする権力が存在しない。アメリカの場合、地方検事は選挙で選ばれるので、暴走する検事は選挙で落とされます。日本の場合は、検察の上に立つのは政治家ですが、政治家を追訴する場合以外には指揮権が事実上発動されないので、検察はどんなときも一切の制御を受けない事実上の最高権力として君臨している。

神保——小室直樹先生もおっしゃっていることですが、西洋の近代国家を成り立たせている前提が、日本には存在しない。一見、近代国家のように見えて、実はいろいろなところでその前提が備わっていないのだけど、肝心の日本人の多くがそれを自覚できていなかったりする。

宮台――日本では、適正手続きという考え方そのものが冷淡だと考えられてきた伝統があります。二〇年くらい前までは、日本は刑事罰が軽いにもかかわらず、再犯率が低いのはどうしてなのかと言われていました。そこにはある種の共同体的温情主義があって、犯人が罪を犯してしまったのは、周囲の家族や地域の人たちにも責任がある。だから、地域で責任を持って彼を更正させよう、というコミットメントとして表れることがあった。地域による更生努力は、適正な手続きによって規定された義務ではなく、心情的なものです。

しかし、こうした心情的なものが別の方向に働くと、司法的真実かどうかは関係なく、「どうせこいつが犯人なんだから四の五の言うな」「なぜこいつが犯人かというと、偉い人が言ってるからだ」という話になるわけです。これが、小室先生が指摘していた一番大事な問題です。

つまり、統治権力は危険なもので、制御しない限り暴走する、という統治権力性悪説が、歴史的な経験として語り伝えられていない。だから、日本には検察をコントロールする権力がなく、大半の国民がそのことに無頓着なんです。これは、民主国家ではあり得ないことです。そもそも民主制は、統治権力性悪説を前提にして、統治権力を監視するものだからです。

周防――「一〇人の真犯人を逃すとも、一人の無辜を罰するなかれ」にしても、「疑わしきは被告人の利益に」という原則にしても、これまでの裁判の長い歴史を経て人間がようやく辿り着いた、今の時点の最良の到達点だと思います。そのことを僕は尊重しますし、ようやくここまで来たんだなという感慨があります。しかし少なくとも、僕が特別部会に出席して警察・検察関係者と話をしている限りでは、彼らはそうは思っていない。むしろ「一〇人の真犯人を逃すくらいなら、一人ぐらい無実の人を捕まえても仕方がない」と考えているのではないか。そうでなければ、治安は維持できない」いからだ。どうして治安の悪い外国の考え方や、捜査の仕組みを参考にしなくてはならないんだ」と思っていることは、言葉の端々に感じました。

「一人の無辜を罰するなかれ」という話をすると、彼らは、「それはそうだけど、一〇人の真犯人を逃すわけにはいかない」と答えるわけです。それを言ったらおしまいです。何もわかっていない。一人の無辜を罰することは、絶対に犯してはならない罪だと言っているのに。客観的に説明すれば、真犯人を逃すのは一つの罪ですが、無実の人を罰することは、真犯人を逃した上に無実の人の人生を奪うという二つの罪を犯すことになるのです。彼らはこの言葉の意味するところを理解しようとしないんです。やはり、日本人の「悪いことをしたら必ず捕まって裁かれるものだ」という信仰に、彼ら自身も縛られているのでしょう。誰だって「悪いことをしたら必ず捕まって裁かれてほしい」と思いますよ。だけど、それを強く求めすぎると、無実の人を裁いてしまう危険性があるということを僕たちは学んできたはずです。

神保――周防さんが特別部会で議論している相手は、警察や検察のエリート官僚ですよね。そういう、本来はとても優秀なはずの人たちが、「真犯人を逃すくらいだったら、一人くらいの無辜の民を罰したっていいじゃないか」とか「多少の犠牲はしかたがないじゃないか」と真剣に思っているとしたら、彼らのその発想はどこから来るものだと思いますか。

宮台――実際に悪いことをしているのなら、検察の立証が不十分でも罰せられるべきだ。そう思っているエリート官僚が検察にも警察にもいます。裁判官にもいます。被疑者が犯人である証拠が不十分でも、無罪を立証できなければ有罪にしてしまう。本来は逆で、無罪を立証する必要はなく、有罪の立証が不十分であれば無罪です。この歪みが状況証拠偏重主義や自白偏重主義として現れます。いくつかの裁判を傍聴して、それを実感してきています。

これは一般的に言えば教育の問題です。もともと日本人の中にそういう考え方が根強くあることは仕方ないにしても、「うるせえや、無実だっていう証拠がねえんだから、犯人はお前だよ」といった岡っ引き根性では、近代司法の体を成しません。無実の人間が裁かれることは、絶対にあってはならない。それ自体が、監禁あるいは傷害という犯罪です。とくに死刑冤罪は、当人に落ち度がない殺人そのものです。こうした理路の全体を、教育で周知するべきです。

神保――推定無罪のたとえ話に出てくる「一人の無辜」を罰するのが統治権力であり、統治権力の暴走こそ、われわれがもっとも恐れ、監視しなければいけないものだという認識が共有されていないということですか。日本にはリバイアサンはいないのですね。

宮台――二〇〇一年の九・一一以降のアメリカで、日本でいう予防拘禁に等しいことが行われるようになりました。それは小室直樹的な言い方をすると、一人の罪人を捕まえることができなかった場合、その人間が社会を破壊してしまう可能性が出てきたからです。「百人の罪人を逃すとも」という格言の意味が以前とは変わってしまった。

社会が滅びるくらいの危険があるのなら、その社会を守る責務を負った統治権力が、後から罰を受けることを承知の上で、推定有罪的な予防拘禁をしなくてはならない。これは理屈としてはわかる。実際どの国でも、テロを防止するという目的で、公安警察が「事実行為」と称して違法な盗聴や拘束をしています。けれども、近代司法のプロセスを十分積み重ねた上で、本当に仕方がない「緊急避難措置」だと思ってやっているかどうかが、決定的に重要です。

神保――その間、アメリカの統治権力が何をやっていたのかが、エドワード・スノーデンたちによってあきらかにされました。アメリカはテロリストの疑いがある人を、単に疑わしいというだけの理由でキューバにあるグアンタナモ基地に隣接した収容所に連行して勾留していました。完全に推定有罪です。それだけ九・一一の衝撃が大きかったとはいえ、民主主義陣営を代表するアメリカがこれをやってしまってはもうおしまいです。おそらく近い将来アメリカは、それがどれだけの大きなコストを伴うものだったのかを思い知ることになると思います。

他にも、例えばグーグルをはじめとするインターネットの大手サービサーがこぞって米政府に協力していて、自分たちが持つ個人情報をすべてＮＳＡ（米国家安全保障局）に、本人には無断で提供していました。ＮＳＡについては、ちょうど昨日、その動きを規制する新しい法案が出されましたが、こういう脱法行為は一度暴走を始めると簡単には元に戻せません。

周防――予防拘禁的なことを容認する空気は、日本の社会はアメリカよりずっと濃いのではないか。人質司法で検察官が勾留請求したときに、裁判官がそれを却下できないのは、万が一却下して、釈放された被疑者が証拠隠滅や逃亡、あるいはまた新しい罪を犯したらどうするのか。「その責任を俺がとるのか」というプレッシャーが裁判官にかかってくる。それは、やはり社会が成熟していないことの証です。

例えば弁護士は、依頼者が悪いことをしていても、無罪を主張したり、刑罰を軽くするのが仕事だという、非常に単純な理解をしている人が多い。しかし本来弁護士には、一人の被疑者・被告人が公正な捜査を受け、公正で公平な裁判を受けて判決を迎えることができるのか、被告人の権利が守られるように、最初から最後まで見届け、弁護する重要な役割がある。それを理解しないから、弁護士が取調べに立ち会ったら、被疑者は罪を逃れるために黙秘するとか、嘘ばかりつくとか、弁護士がいたら真相が解明されないかのように思っている人がいる。それは教育の問題です。裁判とは何か、弁護士とは何か、あるいは社会の秩序を維持するために、先回りして過剰に予防線を張ることがどういう社会を生むのかについての想像力が欠けている。今、なぜ裁判がこういう形、例えば公開の法廷で行われているのかということなどを学ばなければ、また愚かなことを繰り返すという危機感を持たなければならないと思います。

「それでもボクはやってない」

神保――周防さんの映画の影響もあって、その後、日本では相次いで冤罪があきらかになるなど、ようやくここに来て日本の司法制度が深刻な問題を孕んでいることが、少しは理解されてきたように思います。でも日本の人質司法の問題は海外ではずいぶん前から言われ続けてきたのに、つい最近まで、日本ではほとんど問題になりませんでした。

周防――法制審議会で最初に出された法務省の役人が書いた中間取りまとめの中に、「これまでの密室での取調べについては、真相解明にある一定の役割を果たし、国民の信頼も厚かった」という記述があるんです。とんでもないですよね。密室取調べに問題があったからこそ、こういう会議が開かれているわけです。もし国民が信頼していたのなら、それは捜査当局が間違いを認めず、そう思わせてきただけで、実際には、死刑事件での冤罪も起きていた。捜査の違法性が明らかになっている事件もたくさんあるんですよ。だったら過去に遡って、密室での取調べには問題があったと考えるのが普通です。それなのに平気で、ある一定の役割を果たして、国民からの信頼も厚かったとまとめてしまう。役人の自己正当化ってすごいなと思いましたよ。

神保――先ほどから話に出ている法制審議会の特別部会では、取調べの可視化を欧米並みにしようとか、検察の証拠開示を義務づけようという周防さんらの主張に対して、「法曹関係者」陣営は、依然として全体の二％にすぎない裁判員裁判しか対象にしないとか、検察が判断したら録音しなくていいとか主張しているようですが、これだけ冤罪だの不祥事だのが続けば、そんな主張はもはや市民社会が許さないのではないでしょうか。

周防――そう思います。数々の不正が明らかになっていますからね。そこに至ったのは、弁護士さんたちの力もあったことを認める必要があると思います。例えば被疑者段階で、とりあえず弁護士が出向いて話を聞く当番弁護士制度があります。これは大分弁護士会が始め、全国に広がった制度です。この制度の果たした役割は大きい。僕は日弁連に対してもいろいろ不満がありますが、ともかく被疑者や被告人の権利が圧倒的に踏みにじられている中で、弁護士さんたちが手弁当で必死に頑張ってきたということは言っておきたい。その実績があって、今回の法制審では、ついに被疑者国選弁護制度が、勾留される全被疑者にまで対象が広げられることになりました。起訴前に国費で弁護士が付けられるということです。いずれあらゆる被疑者に弁護士が付けられる制度になっていくはずです。弁護士の働きがあって、取調べの異常な実態もあきらかになってきたからこそ、世間にも「取調べの可視化」が当然のこととして広まった。

その一方で警察・検察は、ＤＮＡ鑑定か、新たに真犯人が明らかになったものしか冤罪と認めていない。布川事件の犯人とされ二〇一一年に無罪が確定した桜井昌司さんについても、捜査機関は未だに「真犯人はあいつだ。ただ、立証に失敗しただけだ」という認識です。ＰＣ遠隔操作事件でも、二人の方が虚偽自白に追い込まれています。僕が驚いたのは、法制審で警察は、自白供述を「信じてしまった」ことを反省し、「嘘の自白に騙された」とでも言わんばかりに、これからは気をつけると言ったんです。捜査機関が被疑者を追い込んで嘘の自白をさせた、とは認めないいんです。被疑者が勝手に嘘をついたとでも言うんでしょうか。もう呆れ返るより他ありません。

神保――ＰＣ遠隔操作事件は、いろいろ捜査に問題があったのですが、最終的に警察・検察が犯人として狙いを定めた片山被告が犯人だったために、人質司法がある程度正当化されかねないような結末になってしまったと思います。周防さんは一連の事件の流れと、片山被告の逮捕に至った展開について、どうご覧になりますか。

周防――弁護士の仕事には被告人の権利を守るという大前提があります。それに則って保釈請求した結果、片山被告が釈放された。その後、彼は証拠隠滅を図り、結果として真犯人だとわかった。しかし、だからといって弁護士の責任だとは言えない。弁護士の仕事とはそういうものだということを、まず理解しなくてはいけない。

これを引き合いに出して、警察・検察関係者が勾留の正当性を言うとしたら、それはあまりにもお粗末です。彼らは、これまで法制審議会の特別部会で、現実に起きた事件を具体的に取り上げて検討するのはいかがなものかと言っていた。村木さんの冤罪事件によって刑事司法の抱える問題点があきらかになったから話し合われることになったにもかかわらず、具体的な事件に触れずに会議を進めようとしていたわけです。その彼らが、もしこの事件を取りあげて自分たちのやり方は正しいんだと言うとしたら、あまりにもご都合主義というか、何の理解もないと言わなくてはならない。

裁判官はわかってくれない

神保――映画の話も伺いたいのですが、その前に一つ、周防さんが特にこだわってきた警察や検察の証拠開示については、何か新しい動きはありましたか。

周防――警察・検察側の立場から見る証拠の見え方と、弁護士側から見る証拠の見え方は違います。だからこそ全面開示が必要だということです。少なくとも警察・検察から見て有罪の立証に邪魔だとわかる証拠、つまり無罪方向の証拠があったら、だからこそ開示しなければならない。それについて欧米の国々は厳しいですよね。検察が意図的に無罪方向の証拠を隠していたら、罰せられるところもありますから。

一つ面白いなと思ったエピソードは、警察が被害者に言われた通りの状況で再現実験をしてみたら、痴漢できなかったんですね。で、その報告書を隠していた。ところが、被害者が証人尋問の際に、「警察でも再現実験して確かめました」と言ってしまった。だから、その報告書を出さざるを得なくなった。要するに、警察はその体勢では痴漢行為はできないということをわかっていたのに、それを隠して裁判をしていたわけです。

神保――映画の中でも、被疑者の近くにいた男性が、被疑者の位置からは痴漢はできなかったと証言していたことを知った弁護団が、検察に対してその証拠の開示を請求したら、検察は不見当と答えるだけで、結局、最後までその報告書は開示されませんでした。

周防――不見当《ふけんとう》、つまり「見当たりませんでした」ということです。「ありません」と言うと決定的な嘘になるから、「そのときは見当たらなかった」という言い訳です。証拠開示については、取材してすぐに、被告人側はすべての証拠を見ることができないまま裁判をしているんだということがわかって非常にショックでした。

宮台――映画を見た人が強く印象づけられるのは、裁判官が途中で交代することでしょう。最初に担当した裁判官は、司法修習生の一人が、「無実を言い渡した事件で、本当はやっているかもしれないと悩んだことはありませんか」と質問したのに対して、「ありません」と即答します。さらに、「検察官の証言を吟味して有罪の確信が持てなかったら、無罪なんです」と言うわけです。ところが、この人は裁判の途中で交代してしまう。そして、二人目に出てくる小日向文世さん演じる裁判官が曲者《くせもの》です。この二人の違いを通して、裁判官の判断が何に依っているかについて考えさせられます。

それから、女子中学生に「この人、痴漢です」と言われた主人公が駅事務所に連れて行かれますが、そのとき被疑者の近くに乗り合わせていた女性が事務所に来て、「この人は犯人じゃないと思います」と言う場面があります。でも、駅員にきちんと話を聞いてもらえず、その女性は立ち去ってしまいます。主人公は取調べの際に、そう証言してくれた女性がいたことを訴えます。捜査官は彼女のことを探さなければいけないはずなのに、本気で探そうとしません。さらに、被害者の女子中学生と、その近くにいた小太りの男性が、「その女の人は、『この人が犯人だと思います』と言ってました」と証言してしまう。

映画を見た多くの人は、彼らはなぜそんなことを言うのだと思うでしょう。しかし、あそこで女子中学生と小太りの男性は、主人公が犯人に違いないと思っているので、それに整合するように知らないうちに認知を歪めてしまったのかもしれません。あるいは、検察に誘導されて証言し、引っ込みがつかなくなったのかもしれない。ある種の認知的整合化です。

神保――あのエピソードには、そういう狙いがあったんですね。

周防――はい。アメリカの誤判研究を見ても、目撃証言の誤りが一番多いんです。この人に間違いありませんと言っていたのが、DNA鑑定をしてみると全く違った。それくらい人間の記憶はあてにならない。映画のケースは、被害者の女子中学生にとっては痴漢をされたというショックの中で、「わざわざ駅事務室に来てくれるんだから私の味方だ」と思い込んで、そう聞こえてしまうということは十分あるだろうと考えました。

神保――しかも、被疑者の友達と母親が方々《ほうぼう》でビラを撒いてやっと探し当てたその女性の証言も、二人目の裁判官は「それだけでは彼がやっていないことにならない」と判断してしまいます。推定有罪が前提だと、そういう判断になるわけですね。

周防――痴漢事件摘発の経緯を振り返ると興味深いことがわかります。一九九〇年代の初めまで、被害者が被害を訴えても、ほぼ相手にしてもらえなかった。証拠もないのに裁判をしても勝てないと言われて、被害者は泣き寝入りしていた。それが一九九〇年代の半ばから、迷惑防止条例違反で摘発するようになります。摘発する以上、犯人を有罪にしなかったら意味がない。裁判所が検察の有罪立証に合理的疑いが残ると無罪を連発したら、またまた被害者が泣き寝入りすることになる。無罪は出しにくいですよね。被害者が勇気をもって訴えているのに、無罪にしたら司法は市民の期待に応えていないことになる。

神保――それで、無理な立証が行われるようになった。

周防――そういう流れができたのだろうと思います。でも立て続けに三件ぐらい無罪が出た年があって、今度は立証のしかたが変わってきます。「確かに触っているその手を見て、間違いなくその手をつかみました」といったように、被害者の供述がより客観的なものになって、誤認逮捕ではないということを強調していくようになった。「はっきりとは見ていないが、この人しかいない」といった主観的な供述調書は作られなくなります。つまり警察や検察は、裁判官が何をもって無罪としたかを分析して、どうすれば有罪にできるかということを学習して対策をたてるわけです。供述調書に何をどう書けば有罪になるか、そのテクニックを進化させていく。

映画制作のときは被害者への取材はあまりできませんでしたが、被害者の中には、自分が捕まえた人が真犯人だと確信している人もいれば、「違うかもしれない」と思っている人もいます。そのときに彼女たちは「警察がきちんと捜査してくれる」と信じています。まさか、やっていない人をやったと決めつけるようなことが行われているとは思っていない。ところが警察からすると、現行犯逮捕で被害者が犯人を直接連れてきてくれる事件なので、ある意味楽なのです。被害者の供述調書を上手に作れば、それを証拠に有罪が取れる。だから、まともに捜査はしないです。

神保――被疑者のほうも、本当にやっていない人は、ちゃんと話せばきっと裁判官はわかってくれるはずだと思ってしまう。

周防――自白する人たちの心理として心理学者の浜田寿美男さんは、被疑者は、今目の前にある取調べの苦しみから逃れることを優先して、自白してしまう。なぜなら、本当にやってないのだから、裁判で無実を訴えれば裁判官はわかってくれるはずだと考えるからだ、と書かれています。この心理は理解できます。

神保――警察や裁判官といった権威に対する根拠のない「信頼」が、裏目に出てしまっているんですね。

地位の動物

周防――痴漢事件で捕まって無実を訴える人たちが共通して言うのは、警察に行けば事情を聞いてもらえると思っていたのに、一切聞いてもらえなかったということです。そこでまずショックを受ける。しかしいくらなんでも裁判官は聞いてくれるだろう、と思ったら聞いてくれなかった。一審で有罪判決が出たあとになってやっと、これはまずいと思う。中には運よく逆転無罪になる人もいますが、一審有罪の後に目が覚めるわけです。

神保――一審でまさかの有罪判決を食らって、ようやく本気で証人を探し始めるんですか。実際にやっていない人は、危機感が弱いので得てしてそういうことになりがちなんですね。でも、素人がそうなってしまうのは仕方がないとしても、痴漢事件の弁護経験のある弁護士さんがついてくれれば、逮捕直後から必死で証人探しをするはずです。ただ、一般の市民には顧問弁護士だとか馴染みの弁護士なんていない人が多いでしょうから、おそらく、公選の弁護士さんになる場合が多い。たまたま担当についた弁護士さんに痴漢弁護の経験がなく、被疑者も危機意識が弱いと、実際にはやっていなくても簡単に有罪になってしまう恐れがあるわけですね。痴漢弁護の経験のある弁護士さんなら、事態の深刻さがわかっていますから、最初からやり方が全く違ってくるのですが。

周防――映画の中にもありましたけど、再現実験ビデオを作ることが多いです。被害者の供述調書に、例えば「混んだ電車で、私と向かい合って立つその男の人は私の背後のドアに右手をついて、左手でお尻を触りました」とあったら、本当にそういうことができるかを実験し、その体勢では難しいとわかればビデオに撮って証拠化します。

検察官は、条件が同じではないとか、そんな実験には再現性がないと反論します。裁判官も「有罪ありき」の人は、「事件当日の車内状況と同じとは言えない」として認めない。

神保――痴漢裁判傍聴マニアが出てくるシーンはなぜ入れたのですか。

周防――取材していて、そういう人がいることを知ったからです。被害者の方の身になれば許せませんが、彼らは被害者がどんなふうにして痴漢をされたのかといったことを聞くのが楽しいようです。

映画にも描きましたが、被害者訊問のときには衝立《ついたて》で隠します。裁判官は、被害者をもう一度恥ずかしい目に遭わせ、傷つけてはいけないと、二次被害を受けないように被告人からも傍聴席からも見えなくします。あるいは、被害者を法廷外の場所に呼んで、映像と音声によって証人尋問を行うビデオリンク方式を採用する場合もありますし、名前も住所も伏せるということも行われています。

ただ、人が人を裁くという裁判の本質を考えると、被害者の情報がある程度公開されることについてはやむを得ない部分も出てきます。そういうリスクはある。被害者が最初に警察に行くだけで、あとは自動的に裁判が進行し、真犯人が裁かれるなどということはあり得ない。もちろん、告発するにはとても勇気がいったと思うし、法廷で多くの人の目に晒されれば、もう一度傷つくということもよくわかるつもりです。ただ、その一方で、人が人を裁くことを、きちんとルールに則って実現していくためには、耐えなければならないこともあると思う。裁判の公開性はやはりとても重要です。裁判の適正を担保しなければならないからです。

宮台――自分が被害を受けたということはもちろん非常に重大ですが、自分の誤った証言によって無実の人が有罪になることも、それと同じくらい重大です。でもそのことは、教育を通して伝えようとしなければ、誰もが弁《わきま》える常識にはなりません。それが日本です。誰でも被害を受けるのは嫌だし、相手に復讐したいと思うのも当然です。しかしそうであったとしても、むしろそうであればなおのこと、無実の人間を有罪にすることに感情的な痛みを感じるような教育をしていかなければいけない。その点が薄くなっているのではないか。特にインターネットが社会に広がれば広がるほど、共感能力が育って、それに追いついていない人たちが増えてきている気がします。

今後、検察や警察が、このまま立身出世と結びついた得点主義を続ければ、彼らは無実の人間を有罪にすることに痛みをますます感じなくなるでしょう。被告の人権を重視するとは、わかりやすく言えば無実の人間が有罪になることの痛みがわかるか、ということです。それに対して何も感情が生じないとしたら、それは教育に問題があるというほかないのです。

神保――周防さんの映画は痴漢冤罪事件を通じて、人質司法のあらゆる問題点をあぶり出しています。また、映画の中で登場する具体的な数字や、人質司法、不見当といった専門用語、裁判の過程なども正確に描写されています。ただ、映画は事実を描くだけではないからこそ見る人に迫るものがあるもの。周防さんがあの映画で最も訴えたかったことは、何だったのですか？

周防――それについては何も考えませんでした。描きたかったのは、現実に行われている裁判の姿です。これまでいろいろな映画を作ってきましたが、あの映画だけは唯一、映画監督としての姿勢が違っています。いい映画にしたいとか、おもしろい映画にしたいとかではなく、今の日本の刑事裁判がどういうものなのか、僕が見て驚いたその刑事裁判の現実をどれだけきちんと撮れるかという勝負だった。

ただ、すべてを描き切ることはできない。映画には一二回の公判すべてを盛り込んでいます。その回数自体も大事だと思いました。一年間でこれだけの回数の公判があり、それがどういう内容で進んでいるかを伝えようとしました。でも、実際には一回の法廷が一時間とか二時間かかるのに、映画の二時間半で描き切れるわけがない。だから、こぼれている部分もたくさんあります。それでも、その断片から日本の刑事裁判の現実を少しでも知ってほしいと思いました。

神保――まずは、映画で描かれている事実をストレートに見てほしいということですね。

宮台――この映画で特筆すべきところは、ラストシーンです。ありがちな作品では、最後に主人公が無罪を宣告されて、観客がカタルシスを得る。周防さんは、ただ、最後に主人公がある気づきに至るところを描き、彼のモノローグとしてそれが語られる。そこに救いは微妙にあるのですが、それがわからない人は、全く救いのない映画だと感じるかもしれない。しかし、「それは映画に救いがないいんじゃなくて、日本の司法に救いがないいんだよ」ということですよね。

周防——その通りです。不快な気分で映画館を出てほしかった。それが現実だから。

神保——この救いのなさは、日本の司法に固有のものだと思われますか。それとも日本の社会が抱えているもっと大きな矛盾の反映だと思いますか。結局、われわれ日本人がこのような刑事司法を受け入れ、問題を放置しているわけですよね。

周防——固有のものかどうかはわかりませんが、少なくとも僕は、日本の裁判を見ていて、これはおかしいと思った。そのことにはたぶん多くの人が共感してくれるのではないかと思います。

正義の行方

宮台——僕もいくつか裁判を傍聴し、わいせつ裁判の意見証人として出廷したこともあります。そうすると、それ以前に僕が想像していた、裁判官や検事、あるいは弁護士の、人としてのたたずまいの正しさみたいなものが感じられないことが多い。言い方は悪いですが、こんな人たちが人を裁いているのかということを多くの人に知ってほしい。ですから、裁判は何かの機会に傍聴していただきたい。そして、万一被疑者になるようなことがあれば、裁判官は黙っていてもきちんと裁いてくれるはずだなんてことは間違っても思わないでほしいですね。

周防――刑事裁判には、まだまだ改善の余地があります。例えば自白調書が判決の決め手にならないようにすること。調書裁判からの脱却ですね。録音・録画することで、今までのスタイルの取調べはやりにくくなります。そうすると、それに合わせた新しい取調べのやり方を考える必要が出てくる。そこで取調べの適正化がなされる方向にもっていく。それが大事なんです。

しかし、司法改革に反対する人たちは、録音・録画すると今までのような取調べができなくなるからダメだと言うわけです。彼らは自分たちが今までやってきた取調べを適正なものだと信じて、変えたくない。まず彼らに、今までのやり方がダメな理由を理解してもらう必要があるわけです。これだけの不祥事や冤罪が明らかになっても、彼らは自分たちのやり方は正しかったと言い続けている。ただ仕事熱心なあまりやりすぎてしまったことがあるだけだと。ここまで自分たちを正当化しなければならない組織というものを僕は理解することができません。

宮台――法制審議会の試案の中で、周防さんたちの意見はB案に結実していますね。

周防――A案では、警察でも検察でも取調べを可視化できるのは裁判員裁判対象事件となっています。これをどこまで拡張できるか。僕らが出したB案でも、警察の取調べの可視化は裁判員裁判対象事件だけでいいとしています。検察が裁判員裁判対象事件に加えて身柄拘束事件の取調べも対象にする場合、警察で責めるだけ責めて自白させた被疑者を、検察で取り調べる際に、録音・録画するというのは、かえって自白の任意性を保証することになってしまうので、非常に危険なんです。なぜそれでも警察はいいから検察はすべての事件を可視化しろと言っているかというと、そうすることで警察での調書、員面調書の価値が相対的に下がっていくはずだからです。

神保――警察の調書が録音・録画されていない密室での取調べに基づいて作成されたものだからですね。

周防――そうです。結果的にすごくいびつな形になります。警察も自分たちの作った調書の価値が下がるのは嫌でしょう。そういった運用に、法律家は整合性がないと言いますが、だからこそ結果として、整合性を持たせるために、警察も録音・録画をせざるを得なくなるだろうというのがB案なんです。

可視化を裁判員裁判対象事件だけにしてしまうと、証拠開示と一緒で、本当に二％の例外を作るだけになる。裁判員裁判対象事件の他にどこまで録音・録画の範囲を広げられるかがこれからのテーマですね。警察も検察も、全件で取調べの全過程を録音・録画するというのが簡単にはできないことは、今回、委員をやってよくわかりました。しかし、将来につなげる意味で、どこまで広げられるかということなんです。

神保――B案で蟻の一穴を開ける。

宮台――この問題の意味をよく理解する必要があります。周防監督が言われたように、B案は未来に展開していく可能性があるということですね。

周防――あと、例外の範囲をどうするかという問題もあります。試案の中では「可視化で十分な供述を得られないと認められる場合」としています。怖いのは、一つの事件の途中で例外が認められるときです。要するに、適正に取調べが進んできたのに、突然「録音・録画しているからしゃべってくれなくなりました」という理由で可視化を中断し、その間に違法な取調べで被疑者を自白させる。自白した後に、「調書の読み聞かせと被疑者が調書にサインする場面は録音・録画できました」という使い方をされると考えると、非常に怖い。

神保――部分可視化を絶対に許してはいけないのは、検察・警察にとって都合よく録音・録画が使われると、自白の任意性を裏付ける証拠として映像が使われてしまう恐れがあるからですが、この例外規定は、使い方次第で部分可視化と同じになってしまう可能性があるわけですね。

宮台――そうしたら、編集の仕方によって、検察がどんなストーリーも作れてしまう。

神保――現に最近では、自白の任意性を証明するために部分可視化が実際に利用されています。

周防――はい。〝調書裁判〟をより推し進める方向に働きかねない。調書裁判からの脱却を法務省も裁判所もめざしているのに、録音・録画することで調書の正当性を確かなものにするというのは、却って調書の証拠価値を高めることになり、調書で判決が決まる調書裁判を強化することになってしまう。それでは改革とは正反対になります。取調べの可視化はあくまでも取調べの適正化を狙うもので、調書を絶対的な証拠にするためではありません。そもそも、取調べの状況自体が異常なものですから、その異常な空間での被疑者の供述や態度が真実を語っているなどとは決して言えません。異常な空間とは、自由を奪われ、外からの情報もほとんど入らないなか、取調官に怒鳴られながら一方的に攻撃される状況ということです。

神保――宮台さん、司法制度が民主化されると、市民社会にとってはどんな恩恵がありますか。

宮台――統治権力、お上に対する意識が変わります。裁判官も警察も検察も人ですから、間違いを犯します。しかし、権力を持たない人間が犯す間違いと、権力を持つ人間が犯す間違いは決定的に違います。権力を持つ人間は、公正と正義を侵害しない責任があります。だから、時には無罪の人間が有罪になるのも仕方がない、などという認識は絶対にあってはならない。しかしながら、日本ではまだそういう感受性が浸透しておらず、権力者に甘いままです。例えば体罰ひとつとっても、教師が生徒に後遺症が残るような被害を与えた場合ですら、その教師を免職にするなという嘆願書が提出されるといったことが繰り返し行われている。単純に同一視することはできませんが、五・一五事件の後、決起した将校に対する大量の減刑嘆願書が送られたり、あるいは関東大震災の際の甘粕事件で大量の減刑嘆願書が在郷軍人会を中心に送られたことを思い出させます。相手は市井の一般人ではなく、権力を持つ存在なのに、です。

その意味では司法問題は、司法だけではなく日本社会の問題です。むしろ、司法の改革を突破口に、他の問題についても「いままでのやり方を変える必要がある」と意識を広げていく必要がある。

周防——最後に、言い残したことを一つ付け加えさせてください。証拠開示については、僕は今回の特別部会では何もできませんでした。しかし、本当に全面的証拠開示は重要であると強く意識してほしい。おそらく、取調べの録音・録画よりも全面的証拠開示のほうが、冤罪を防ぐ大きな力になると思います。試案に盛り込まれたリスト開示にしても、三段階の証拠開示にしても、たったの二%から三%にすぎない公判前整理手続きの中でしか行われていない。それでも、日本の証拠開示制度は優れているんだと言う法律家がいることが、僕は本当に許せない。残念ながらメディアの目は取調べの録音・録画に向いていますが、僕は全面的証拠開示について、これからも強く訴え続けていきたいと思っています。もちろん、再審における証拠開示でも。

（編集部注）この鼎談が放送された二〇一四年五月は、まだ法制審議会特別部会の結論が出る以前で、最終的な法案とは異なる部分があります。例えば可視化の範囲には、この回の放送後、ここでは触れられていない「検察官独自捜査事件（特捜事件）」も対象になりました。ご了承ください。

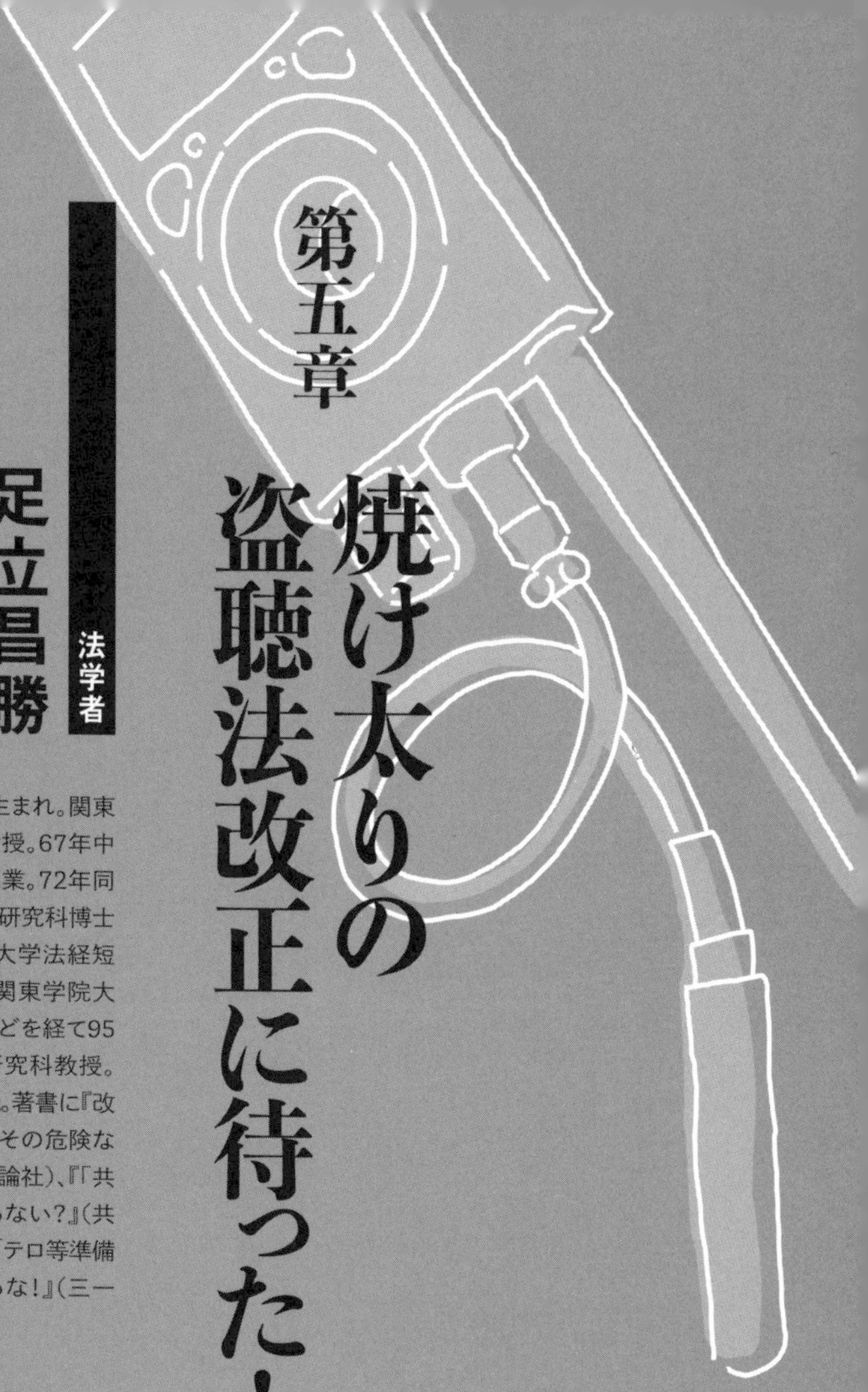

第五章

焼け太りの盗聴法改正に待った！

法学者
足立昌勝

神保哲生×宮台真司

1943年東京都生まれ。関東学院大学名誉教授。67年中央大学法学部卒業。72年同大学大学院法学研究科博士課程修了。静岡大学法経短期大学部教授、関東学院大学法学部教授などを経て95年同大学法学研究科教授。2014年定年退職。著書に『改悪「盗聴法」——その危険な仕組み』（社会評論社）、『「共謀罪」なんていらない？』（共著、合同出版）、『「テロ等準備罪」にだまされるな！』（三一書房）など。

2015年6月27日配信

盗聴法の系譜

神保――宮台さん、またしてもこのテーマで番組を作らなければならなくなってしまいましたね。

宮台――残念ですね。一方で、安全保障に関する「集団的自衛権」に関する憲法解釈の変更が強行される方向があり、他方で、特定秘密保護法がすでに通っているという現実があり、今回、盗聴法改正が出てきたということですよね。ちょうど一九九九年の第一四五回通常国会でも、いろいろな法案が出ましたよね。周辺事態法、国歌国旗法、憲法調査会設置法、そして盗聴法。

神保――いわゆる、ガイドライン法制と呼ばれるものですね。

宮台――あのときも、すべてはワンパッケージだと僕たちは訴えましたが、今回もやはり同じように考えるべきでしょう。では、何に向けた、どういう価値や目的に向けたものなのか。一九九九年にさんざん語ったことですが、今一度わかりやすく言えば、無条件の対米追従《ついじゅう》路線ということです。ちょうど冷戦体制が一九九一年ぐらいに終わり、短い平和の配当の期間があった後、一九九七年の通貨危機あたりからグローバル化が進んだ。実はその直前一九九六年、九七年に2＋2の協議が行われた。外交と軍事の実務者会議のことです。

神保――安保条約に基づく日米関係が再定義された。

宮台――そうです。僕はてっきり、冷戦体制が終わったので、対米追従路線が緩和されるのかと思った。ところが、そうではなかったんですね。

神保――以前にも増してアメリカに追従することになった。

宮台――まず、周辺事態という概念が曖昧《あいまい》化されて、今日の集団的自衛権問題の出発点になりました。冷戦体制が終わったけれど、どこまでもアメリカに付いていきます、という図式で、それにあわせて集団的自衛権、つまりアメリカが言うがままに自衛隊をどこにでも出せる枠組みを作ろうという話になった。他方、この動きと結び付きながら、これからの利権はモノやカネではなく、情報だという流れになって、盗聴法以外にも、アメリカの出入国管理の顔認証システムUS-visitを丸ごとコピーしたJ-visitが、不透明な経緯で発注を受けたアクセンチュアによって持ち込まれた。当時、頓珍漢な左翼集会に登壇した僕は、「国家権力の横暴だ！」という〝言葉の自動機械〟的な物言いが蔓延《まんえん》していたので、「全く間違いで、これは国家権力の衰退なのだ」とまくし立てたのでした。

神保――一九九九年に盗聴法が出てきたときはガイドライン法制という枠組みの一部でしたが、今回は世界的に見て、特に何か新しい枠組みがあるわけではないのに、再び盗聴法が俎上に載ってきている。ただ前回は、まだ市民社会やメディアにもある程度の抵抗力が残っていた。だから不十分ではあったけれども、一定の制約をつけることができた。周辺事態法のほうも、地理的概念ではないと言いながらも、日本の領海・領域の外では、無制限で自衛権が行使できるわけではないことを認めさせることができた。完全に止めることはできなかったけれど、抵抗力があったからこそ、一定の制約をつけることができたのだと思います。しかし、その後も小選挙区制や政党助成金の導入によって党に力が移行し続けた結果、一人ひとりの政治家の力はますます弱くなり、さらに内閣人事局の発足やＮＳＣ、内閣府の拡大などによって宮邸への権力の集中も進みました。

宮台――盗聴法に、不十分ながらも公明党案の制約がつけられたのは、神保さんのテレビやレポートがきっかけで、神保さんの功績です。さて、神保さんがおっしゃったのは、公認・ポスト・カネによる支配ですね。詳しく言うと、小選挙区制での首相による一元的公認と、内閣ポストの首相による一元的決定と、政党助成金の配分をめぐる党による一元的決定による支配です。

神保――マスメディアの力もさまざまな要因で低下していて、いよいよガイドライン法制２・０とでも呼ぶべき状況になってしまいました。つまり、政治権力は前回のガイドライン１・０のときに市民社会やマスメディアの抵抗に邪魔されてやり遂げられなかったことに、今回あらためてチャレンジしようとしているのではないかと。だから今回こそ安全保障面では何としても集団的自衛権まで行きたいし、盗聴法も前回つけられたさまざまな制約をとっぱらうことを狙っている。

宮台さんとやっているこの番組は、もともと九九年のガイドライン国会がきっかけに始まったものでした。その国会では日本で初めて導入されることになった盗聴法が周辺事態法と並び、大きな争点になっていました。実際、かなりずさんな法案だったので、宮台さんも僕もいろいろなところで多くの問題点を指摘したけれども、結局最後は押し切られた。そしてそのとき、最後はメディアが総崩れになったことの反省を受けて生まれた番組が、ビデオニュース・ドットコムでありマル激であったわけです。

報道は明白な誤りを犯し、国民の間に誤解を生じさせるものである

神保――いい機会なので、この際、当時のことを振り返っておきましょう。以下は一九九九年七月一三日の参議院法務委員会での質疑の場面を書き起こしたものです。

……………………………………

公明党大森礼子参院議員（当時）

「夜、テレビをつけました。TBSです。そうしたら『ニュース23』ですか、たまたま、その場面に出会いました、たまたまつけたんですけれども。そうしましたら、アメリカとの比較ということで通信傍受法（盗聴法）の特集をしておりました。ジャーナリスト、神保さんという方ですか、その方とちくし（筑紫）さんとお呼びするんですか、日本の法案の問題点としてボードに三つ書かれてございました。令状発布の条件、最小化措置、報告

義務、この三点です。日本では、恐れがあるというだけで令状が申請できる、申請したら出ちゃう、ここで日本の歯止めがきかないと言うんですね、恐れがあるというだけで令状が申請できるわけがないじゃないかと思ったんですが、法務省、ここのところ、日本では恐れがあるというだけで令状が申請できるのかどうか」

……………………………………

法務省・松尾邦弘刑事局長（当時）

「恐れがあるだけで令状の申請ができるという放送自体はですね、全くその前提について誤った、全く初歩的な誤りがある、と。その他にも何点か誤りがございますので、法務省としてはこの報道に対して訂正の申し入れを行うつもりでおります」

この日の参議院法務委員会では前日の夜にＴＢＳの『ニュース23』で放送された、私が取材して制作した盗聴法案の問題点を指摘するリポートについて、公明党の大森議員が延々と攻撃を繰り返し、後に検事総長になる松尾刑事局長（当時）が一つひとつその指摘に同意するという、見事なお芝居が演じられていました。

政府・自民党が出した法案はかなりずさんなものだったので、当時自民党と連立交渉を行っていた公明党が修正案を出して、この修正案によってもともとあった問題点が改善されたので、次は法案の採決に進むというシナリオを政府・自民党側は描いていました。

盗聴法は盗むという文字が入っていることからもわかるように、相手に気づかれないように会話を盗み聞きすることです。だから、その権限が乱用されていても、盗聴されている人はそれを知ることができません。そのため、乱用を防ぐためのさまざまな予防策がよほどきめ細かに組み込まれていないと、必ず乱用が起きてしまう。

乱用の予防策を最小化措置と呼びます。「最小化措置」というのは、盗聴が凶悪犯罪の立件のための必要最小限にとどまり、決してそれ以外の目的で乱用されることがないような予防策がきちんと組み込まれていなければならないという意味です。

今ご紹介した、国会のやりとりで出ていた「令状発布の条件」というのは、警察が盗聴を行うためには裁判所から盗聴令状の発布を受けなければならないのですが、そこで十分に厳しい条件が課されているかどうかを問うている部分でした。これは盗聴令状に限りませんが、日本では警察が逮捕令状や捜査令状の交付を裁判所に求めると、よほどのことがない限り、裁判所は令状を出してしまう傾向にあることが広く知られています。だから、裁判所の令状が必要だから、警察は盗聴権限を乱用できないと考えるのは、少なくとも日本ではあきらかに幻想ではないかと私はリポートの中で指摘した上で、アメリカで盗聴令状を申請するための条件がどれだけきめ細かに定められているかを報告しました。実際、日本は「恐れがある」程度で令状が交付されていますが、アメリカでは犯罪内容と盗聴の必要性がかなり厳密に裏付けられていなければならないとされています。

しかも、アメリカでは令状を交付した裁判官の名前が公表されるので、いい加減な容疑で盗聴令状を交付してしまうと、それが後に白日の下に晒されて、その裁判官は責任を問われることになります。

ところが日本の法案では、国会への報告についても、盗聴件数の報告は義務づけられているが、単に件数を報告するだけでよく、それ以上の情報を開示する必要がない。これでは裁判官が安易に盗聴令状を出してしまうことになると、僕はリポートの中で問題提起をしていました。

アメリカの場合、令状を交付した裁判官の名前に加え、例えば、その裁判官が犯罪に関係のない通話に対してどれくらいの盗聴令状を出していたかや、その裁判官が交付した盗聴令状がどの程度犯人の逮捕や起訴や有罪につながったかなどのデータも報告義務があり、後に公表されます。そういうシステムの下では、裁判官も盗聴令状の交付には慎重にならざるを得ません。

それに対してそのとき日本で審議されていた法案では、裁判官の名前や裁判官ごとの令状の交付数、盗聴した通話がどの程度犯罪に関係していたかを示す犯罪関連通話数などの報告は求められていないので、どの裁判官がどれだけの数の盗聴令状を出し、それがどれくらい犯罪捜査に寄与したか、あるいは逆にそれがどれだけ乱用された疑いがあるかなどは検証ができない。日本のような形ばかりの報告義務では、乱用抑止効果が弱いわけです。僕は、そういう意味で番組の中で「日本では盗聴令状はどんどん出してしまえる」と言ったわけですが、国会では、事前に示し合わせたような阿吽《あうん》の呼吸で、その部分だけを切り取って、「それは本当なんでしょうか?」「そんなことはありません!」という予定調和の質疑応答が行われ、あたかも私のリポートが間違っていたかのような話が作られました。

他にも、日本の法案では捜査官は実際に盗聴をする前に「試し聞き」というのができることになっていて、「試し聞き」をしている間は録音をしないでもいいことになっている。法案には盗聴した会話はすべて録音されないとならないと書いてありますが、実際は試し聞きを何分したか、あるいは何時間したかは、録音されていないので誰にもわかりません。

アメリカのニューヨーク州ではかつてその権限が乱用された歴史の教訓から、このとき、すでに盗聴する機材が盗聴開始と同時に自動的に録音が始まってしまうような仕組みになっていました。盗聴した会話はすべて録音され、何を盗聴していたかが後ですべて確認できるようになっているわけです。しかし、「試し聞き」を認めている日本の機材は、そういう設定にはなっていない。だから、「日本では録音していないときも会話を聞けてしまう」と僕が言ったのは間違っていません。

ところが国会では大森議員が「神保さんは日本では録音してなくても聞けるなどと言っていますが、これは本当ですか、松尾刑事局長?」と聞くと、刑事局長が「日本では盗聴した通話はすべて録音しなければなりません」と応えて、「これも誤報だから訂正を求めるつもりだ」、なんて話を延々とやるわけです。

さらに重要なのは、国会審議だけならまだよかったのですが、その後に、他のメディアが寄ってたかってＴＢＳが誤報を出したかのような報道をしたことです。法務省主導でＴＢＳ包囲網が作られたんですね。そのためＴＢＳは前日の放送の訂正に追い込まれてしまいました。僕自身はもう少し頑張ってほしかったと個人的には思っていますが、僕は外部のフリージャーナリストという立場なので、ＴＢＳの決定に対しては何の発言権もない。

こうして、最後の砦だった『ニュース23』がそういう形で崩れてしまったために、もはや盗聴法案の問題点を指摘するメディアは一つもなくなってしまいました。その結果、政府与党はその審議から約一ヶ月後の八月一一日に、公明党が提出した修正案を可決し、明らかに最小化措置が不十分なまま、日本初の盗聴法が成立してしまいました。

そして、その二ヶ月後、自民党と公明党は正式に連立を組むことになります。この連立がどのような性格のものになっていくかは、このとき、連立を組む直前に盗聴法案で両党がどのような連携を図ったかを見れば、十分に予想のつくことだったと思います。

その直後に、宮台さんと外国特派員協会で昼食をとる機会があり、メディアがこのままではこれからの日本は本当にやばいね、みたいな話をしたのを、まるで昨日のことのように覚えています。そして、その半年後に僕がインターネット放送局『ビデオニュース・ドットコム』を起ち上げ、ほどなく宮台さんとマル激トーク・オン・ディマンドという番組を始めることになったのです。

日本の既存メディアは政府から数々の特権を授かっているので、おかげで経営は安定し、ほんの一握りの事業者が強大なメディア帝国として君臨することができていますが、そこで政府に大きな借りを作っているため、日本の大手メディアは政府と本気で喧嘩ができません。一六年前、メディアがこんな状態では日本はダメになるという危機感を覚えました。

宮台――メディアとその手法ですね。最近は、どうもその手法が乱発されている気配があります。TBS・神保バッシングのときには、僕は文章とTBSのラジオ番組を通じて、神保さんを全面的に擁護しましたが、それが神保さんと僕が出会ってマル激をやるきっかけになりました。

神保――そのとき、宮台さんはもう「デイ・キャッチ」（二〇一九年三月まで放送されたTBSラジオ番組）に出ていたんでしたね。一旦メディアが弱味を見せたら最後、権力は嵩にかかって攻め込んできます。権力者にとってメディアはあらゆる点でとても高い利用価値があるからです。前回の盗聴法が通った一九九九年からこの一六年の間、既存メディアの状況はあきらかに悪い方向に進んでしまったと思います。

なぜ、司法制度改革が法務官僚の肥大化を生むのか

神保――前置きが長くなりましたが、今回盗聴法の改正案が、刑事訴訟法の改正という形で今国会に上程されています。政府与党の圧倒的な議席数やこれまでの報道のされ方を見る限り、それほ

ど大きな問題になっていないようなので、この法案が通ることはほぼ確実視されています。

特に九九年との最大の違いは、盗聴法に関する報道がほとんどないことです。ならばわれわれは、今回の改正案の中身を検証した上で、本当にこの法案を通しても大丈夫なのかをしっかり見ていきたいと思います。

ゲストは法学者の足立昌勝さんです。足立さんも九九年の盗聴法の審議の際、法案に反対を表明されています。それが一六年経って、盗聴法を強化する法案が出てきました。足立さんにとっては「やっぱり」という感じですか、それとも「よくもまあ懲《こ》りもせずに」という感じですか。

足立――懲りもせずという思いです。法制審の特別委員会で基本構想が出たんですね。その中で盗聴法の取り扱いが非常におかしかった。政

図表7　刑事司法改革の経緯

2009年6月	郵便料金不正事件で村木氏を逮捕
2010年9月	一審で村木氏に無罪判決（確定）
11月	「検察の在り方検討会議」設置
2011年4月	最高検に「検察改革推進室」設置
6月	「新時代の刑事司法制度特別部会」設置
2012年4月	「検察改革の進捗状況」公表
2013年1月	「刑事司法制度の基本構想」とりまとめ
2014年3月	周防委員ら5人が「意見書」提出
7月	特別部会、改革案を了承
2015年3月	刑事訴訟法等改正案の一括法案化

作図：ビデオニュース・ドットコム

府原案が正しく、限定された今の法律のほうが間違っているという書き方なんです。歴史的に間違っている。国会で通ったものが正しいので、政府原案は素材でしかない。そんなことを平気で、基本構想に書いてある。そういうところに姑息さを感じます。

神保――法務省や警察、検察は、一六年前に原案を修正させられて、あれこれ制約をつけられたことを、ずっと根に持っていた。だから、今回それを元に戻す改正案を出してきたわけですね。その意味では、法務官僚としては一六年前、世の中が騒いだので、不本意な修正を強いられたということになるんでしょうね。

ただ、今回の刑事訴訟法の改正はもともと、大阪地検特捜部での不祥事を受けて、検察のあり方を考え直さなければならないということから議論が始まっているはずです。それが、どうして検察権限の強化なんていう、本来とは逆の方向に落ち着こうとしているんでしょうか。

不祥事というのは、具体的には村木さんの郵便不正事件ということになりますが、それ以外にも、志布志《しぶし》事件とか足利事件など、ここのところ冤罪事件が続いています。

検察の在り方検討会議は、民主党政権下で発足しました。村木さん事件で大阪地検特捜部はフロッピーディスクの日付を書き換えるという証拠の改ざんを行った上に、村木さんが言ってもいないことを言ったことにして村木さんを起訴しました。そして、証拠改ざんの事実があきらかになった結果、村木さんは無罪になった。検察の在り方検討会議は、郷原信郎さん、江川紹子さんといった検察・法務官僚からすればうるさい人を入れざるを得ない状況の中で始まりました。志布志事件の踏み字（＊1）にしても、取調べが可視化されていないためにそんな馬鹿げたことが行われたということになった。検討会議は二〇一一年三月に「検察の再生に向けて」と題する最終報告書を出しています。会議の委員だった郷原さんが不十分だったと言うように確かに報告書の内容は当初期待された全面可視化とは程遠いものでしたが、少なくとも方向性としてはいい方向に向かっていることを窺わせる内容だったと思います。

ところがこの報告書は、三・一一の東日本大震災直後でほとんど世の中から顧みられることがないまま、一一年六月に新しく特別部会ができます。そこで在り方検討会議を受けた議論になるはずだったのですが、なぜか途中から可視化の話はほどほどで、先ほど言ったように検察権限の拡大の方向へ向っていくことになった。わずかでも可視化をするのであれば、捜査権限の強化は必須であるというわけです。東日本大震災のドサクサに紛れた火事場泥棒のようでした。

宮台――いわゆる、部分可視化ですね。

神保――部分的といっても、可視化の対象になるのが裁判員裁判の対象事件と特捜事件だけですから、刑事事件全体の二～三％にすぎません。だから九七％超の事件は可視化されないことになる。にもかかわらず、可視化をするのであれば引き換えに捜査権限の強化が必要だという話になった。最初議題に上ったのが、盗聴権限の拡大と司法取引と、おとり捜査でした。今回おとり捜査の導入は見送られたようですが、盗聴権限と司法取引は今回の刑事訴訟法改正案の中にしっかり入ってきました。先ほど先生が特別部会と呼ばれていたのは法制審議会の「新時代の刑事司法制度特別部会」のことですが、この特別部会が二〇一四年の七月に改革案を了承します。検察不祥事を受けて、検察の在り方検討会として発足した検察改革の議論が、途中から主に司法関係者、つまり利害当事者が主要メンバーを務める新時代の刑事司法制度特別部会なるものに化け、最後は検察権限の大幅強化が打ち出されてしまった。ここまでで不足部分があれば、先生から補っていただけますか。

足立——二〇一三年一月に刑事司法制度基本構想が出てきます。この基本構想が出てくる前に特別部会ができました。この特別部会に周防さんや村木さんが入っていましたね。そこで最初にしたのが、自由討議です。検察も警察も裁判官も入っていて、うまい具合に盗聴の話も出してくる。取りまとめは、最初は部会長試案という形で出てくるんですが、これを作ったのは法務省の幹事です。そのときはすごく議論されましたが、最終的には全会一致で基本構想が通ってしまった。取りまとめた法務省の幹事の人たちの影響力が非常に強く残りました。可視化ではない余分なものが入ってきて、結果的に、焼け太りになったと僕は思います。

神保——まさに焼け太りですね。焼け太りじゃなければ、火事場泥棒だ。原発事故の後も、日本の将

（＊1）警察が自白に追い込む目的で、容疑者の父・義父（妻の父）・孫の三名からのメッセージに見立てて「お前をそんな息子に育てた覚えはない」「こんな男に娘を嫁にやった覚えはない」「早く正直なじいちゃんになって」と書いた紙を無理やり踏ませた。

来のエネルギー政策を議論するエネルギー基本問題委員会で同じようなことが起きました。原発事故を受けて、原発依存から脱却する方法を議論する場となるはずだった委員会が、なぜか最終的には原発の比率を増やす議論をし始めました。さすがに世論の反発が強く、原発を事故前の水準よりも増やすところまでは行きませんでしたが、それでも一定割合の原発を残すことだけは意地でも譲ろうとしませんでした。

逆の見方をすれば、本来は制御されるべき検察権限が強化されたということは、刑事訴訟法改正は原発に比べて世論やメディアの反発がより少なかったということになります。

図表８　刑事訴訟法改正案のポイント

●取調べの可視化

裁判員裁判事件と検察独自捜査事件に限定

●盗聴の対象拡大と手続きの簡略化

対象犯罪を４類型から13類型に拡大

放火、殺人、傷害、逮捕監禁、誘拐、窃盗、詐欺、爆発物使用、児童ポルノ

立会人は不要に／最終的には警察署内での盗聴が可能に

●司法取引の導入

作図：ビデオニュース・ドットコム

刑事訴訟法改正案の問題点

神保――刑事訴訟法の改正案にはいろいろなものが入っているんですが、今回取り上げた重要なポイントは三点です。

もともと検察不祥事を受けて、密室の中の取調べに問題があるということで、取調べの可視化が必要というのが、議論の出発点だったわけです。しかし、可視化は裁判員裁判と検察独自捜査事件だけに限定されることになりました。裁判員裁判事件の対象は非常に罪が重い犯罪に限定されます。だから、比較的軽微な事件ではほとんど可視化はされないことになります。検察独自捜査事件というのは特捜事件のことです。これは、数も少ないし、基本的に疑獄事件や経済犯罪に限定されます。だから結論としては、今回の法改正によって可視化される事件は、かなり限定的なものになります。

その一方で、今回は盗聴法の対象となる犯罪の種類が大幅に増えます。もともと、前回の法案のときに対象を薬物犯罪、銃器犯罪、集団密航、組織的殺人の四つに限定していたわけですが、今回それが一般的な犯罪まで広がります。

足立――窃盗も入っています。

神保――そうなると、ほぼ全部という感じですね。

それから、現行法では盗聴をするためには警察官が実際に通信会社に出向いて行って通信会社の職員の立ち会いの下で盗聴を行うことになっていた。ＮＴＴの職員の立ち会いがどの程度抑止力を発揮するかはわかりませんが、それが一応の歯止めにはなっていた。盗聴権限を悪用しているところを警察関係者以外の人に見られていれば、万に一つでもそれを告発される恐れがある。ところが今度の法改正では、通信会社の社員の立ち会いは不要になります。そして、最終的には警察署内からすべての通話が聞けるような機器を開発することになっています。もうこうなると、よほど機器に乱用防止機能を内蔵しない限り、聞きたい放題というか、聞かれている側からは聞かれていることはわからないのですから、他に誰も見ていない所で乱用のし放題になります。

現行法では盗聴するためには通信事業者の事務所に出向いて行かなければなりませんが、通信事業者、これはＮＴＴとかａｕとかソフトバンクのことですが、だいたいその本社は東京にありますから、全国の都道府県警察は盗聴をするためには、東京の本社に来なければなりません。これでは不便だから、警察署内で盗聴できるようにしましょうということになったようです。それだけならまだわからなくはないのですが、改正法ではなぜか最小化措置の一環だった立会人まで割愛されています。

宮台――冤罪を防ぐために可視化するための対策をという話を不十分なままにしておきながら、可視化によって落ちる捜査力を拡大するという名目で捜査権限が大幅に拡張しました。多くの人が疑問に思うのは、なぜここまでして、捜査権限の拡大にこだわるのかということです。

神保――足立先生、ここまで捜査権限を強化しなければならない状況を裏付けるような、客観的なデータはあるのでしょうか。例えば、極度い治安が悪化しているとか。

足立――警察が主張しているのは振り込め詐欺なのです。そして窃盗。そのくらいの説明はします。けれども、こうした犯罪の捜査には盗聴があったほうがいいという説明なんです。だから、ここに載っている犯罪がすべて本当にそうなのかはわからない。しかも、すでにあった犯罪を捜査するために盗聴するのではなく、これから起こるであろう犯罪のために盗聴するわけです。

神保――犯罪があれば逮捕すればいいわけですものね。

足立――放火の次に殺人とありますが、従来型でも組織殺人は入っています。ではなぜここに殺人を入れてくるのか。やはり、これは一六年前の原案が生き返ってきているからではないか。あのとき、法務省当局は国会に「負けた」と思った。だから、昔の負けを取り返そうとしているのではないか。そのように考えられるわけです。

神保――官僚というのは不思議な生き物ですね。

足立――一九七四年に刑法、全面改正の話がありました。日弁連が頑張って、改正刑法草案をお蔵入りにした。ところがその後、どうなったか。そのときに行われようとした重罰化はもうどんどんされているわけですね。どうも、この盗聴対象犯罪も同じような現象が起きているのではないか。

神保——当然、そのときから担当者は変わっているから、その思いが先輩から後輩に引き継がれているんですね。まるで怨念みたいです。

今回の法改正の経緯について、痴漢冤罪事件を扱った映画を監督し、新時代の刑事司法制度特別部会の委員を務めた周防正行監督はこんなことを言われています。可視化を含めた今回の特別部会の最終案が不十分なことは重々承知しているが、それでも最終案に同意することにした理由は「自分たちが席を立ってしまえば、司法制度改革は一歩も前に進まない」からだと。席を立つのは簡単なことだし、そのほうが格好いいだろうけど、ここはあえて苦渋の決断をしたと言われていました。同じく委員を務めた村木厚子さんも、「小さすぎるが、それでも最初の一歩だ」と、苦しい胸の内を明かしています。二人とも実際に特別部会で議論に参加した結果、刑事司法制度を一ミリでも改革することが、いかに大変なことかを肌身で感じた上での発言だったと思います。

《二〇一四年七月一一日　ビデオニュース・ドットコム
インタビューズ「小さな一歩でも警察にとっては絶望的な恐怖だと思う」》

……………………

周防：最後の最後で、これをひっくり返すことが可能だったんですよ。この会議自体を。最後は取引のようなもので、駆け引きと言ったほうがいいのかな。これをひっくり返すこと通すことの両方考えたときに――。

神保：ひっくり返すというのは拒絶するという意味ですね。

周防：（うなずきながら）そうするとあの会議は分裂したんです。僕らがもっと広い範囲での可視化であったり、通信傍受の拡大をもっと抑えるという方向に行くと警察が席を立つ。で、警察は何も変わらないのが実は一番いい。警察はできたら、誰かが席を立つのを見て自分たちもやっていられないと、やりたいだろうと思った。日本のこういう仕組みの中で法務省というものがあって、その法務省が改正のためにこういう場を用意した。その中で闘う以外に、現状、闘う場所がないんですよね。だとするとこの場所で、自分たちがとにかく、わけもわからず自分たちを守ろうとしている人たちに対して、少しでもこちらの改革案をのませるという、そういう闘い、そのためには言葉を尽くすしかないんだな、結局それは今の日本の仕組みの中で僕らが制度改革をしていけるための、この場の言葉しかないと思ったときに、ひっくり返すよりは少しでもこの制度を崩すような、今の仕組みを崩すような楔《くさび》を打てないのか、ということだったんですね。

《二〇一四年七月九日　司法記者クラブ記者会見》

村木：今回の法案のベースになる基本構想の考え方、それからできるだけ録音・録画を広めていくという今回の答申の考え方、この二つに沿った運用をやるんだということについて検察から「その通りだ」というお返事をいただきました。この二つをもって、まぁ、義務化の範囲は狭いが、運用もあわせて、大きな第一歩になった。それから将来に向けて一定の方向性を示していただいたということで、今回非常に大事な第一歩になるということを確認し、それであればできるだけ早く法律を出していただいて成立をして、実施に踏み切っていただきたいということを申し述べたところでございます。

神保：これは検察の運用の一貫として行われる録音・録画については、部分可視化ではなく全過程の可視化になることが確認されたという理解でよろしいですか。

村木：私は、これはこういうふうに考えています。今の検察の志向も、部分可視化とかいろんなことからだんだん全過程に進んでいったと思います。そういう意味では今度は、証人も含めてということなので、スタートとしてはいろいろなことが起こるのではないかと思います。それまで全否定はしないんですが、方向がどっちを向いているんですかということだけはきちんとしておきたかったので、そういう意味では方向性としては、全過程がきちんと可視化される方向に志向を進めていくということでお返事をいただいた。

神保：方向性ということですか。

村木：はい、方向性ということで理解しています。

神保――お二人とも非常に悔しさをにじませていました。周防さんは、席を立って出てくるのは簡単だけれども、それは向こうの思う壺で、その場合は今回の二~三%の可視化すらなくなると。村木さんも今回はほんの小さな一歩かもしれないけれど、これから全過程可視化に向かっていくための始めの一歩だと考えれば、これはのむべきだと考えたと。まさに苦渋の選択だったと思いますが、今の話を聞いていて、足立先生はどう思われますか。

足立――僕は、もし、周防さんが本当に席を立つ気があったのだったら、席を立つべきだったと思います。そこから闘いが始まるのであって、一緒になって「異論ありませんね、はい異論なしといたします」と、全会一致で通したわけですよ。この答申の中には、これは全部一体化ですよということが書いてある、一体的なものとしてこれらは議論されました、と。だから、今の国会で法務大臣も、国家公安委員長も楽々と答弁している感じがします。答弁は役人が作っているわけですが、法制審答申の言葉を利用しているんですね。

神保――つまり可視化だけということはない、と。

足立――だから、椅子を蹴ってこなくて何が闘いだと、今更、あのとき席を立てば一歩も前に進まなかったとか言えた義理か、と僕は言いたい。

神保――交渉のテーブルをひっくり返していれば、国会に出してきたときにもっと厳しい追及ができたということですか。

足立――というのは、今まで日弁連は基本的に反対が強かった。しかし、今回は日弁連も全員賛成しているんです。

神保――わずかでも可視化が入っているから、ですね。

足立――そうです。ただ、日弁連の中でも去年の仙台総会のときに非常に議論があった。ある人たちが中心になって、盗聴法反対で反対署名を集めた。そのとき一三〇〇人くらいの人が、反対している。それを押し切って日弁連は一括で採決する、個別案件で採決はしない、そういうことをしてしまった。そのときも、席を蹴って立つべきだという動きもあったわけです。もしそうしていれば闘いは変わってきていたのではないか。

神保――向こうの土俵に乗ってしまったということですね。

宮台――官僚組織と市民の側の違いが如実に表れていますよね。組織の側は少しでも橋頭保《きょうとうほ》を得たら、それを前提に、さらに積み上げてどんどんと前に出てくる。市民の側から見ると世を騒がせるイベントごとに動くしかないので、気がつくと既成事実を積み上げられてしまうんです。

神保――裁判員裁判が導入されたとき、ずっと陪審員制度の実現を目指してきた日弁連は、わずかでも市民参加が進むのであればゼロよりはましということで、いろいろ問題がある裁判員制度を受け入れてしまった。逆に言うと体制側は、こちらがどうしても通したいものを巧みにまぶしてくる。それをまぶしておけば、相手は反対できないだろうということを先読みしているわけです。結果的にその作戦にまんまとやられてしまったかもしれない。

宮台――闘いが、もし一回だけ、つまりワンチャンスで終わるのであれば、〇か一かで一を通されてしまうより、こちらが〇・一、〇・二を確保したほうが良いと思います。けれども組織の側は、闘いを何回でも繰り返すことができることに注意しなきゃいけない。

神保——組織は永久に継続しますからね。

宮台——どんどん積み上げられて、気がついたらいつのまにか一を通されてしまっている。

神保——それでは実際の改正案の中身を見ていきたいと思います。まず盗聴の対象となる犯罪の種類が増えるのと、立会人が不要になることのほかに、どのような改正が入っているんでしょうか。

足立——法律の中に特定電子計算機という言葉が出てくるんです。その特定電子計算機は何なのか。通信事業者の所に入ってきた通信を、鍵をつけて暗号化する。警察は同じ鍵を使って復号化し、元の音声にしてそれを聞くわけです。聞いたら今度報告のために裁判所に出します。ここでまた暗号化して別の鍵と一緒に裁判所に送る。二つの機械を使って機械処理をするから立ち会いがいらない。新しい盗聴法の二三条二項で、どういう機能が必要かということが出てきます。一番危惧しなければいけないのは、計算機にはデータが保存できるわけです。いくら移してもデータは残りますよね。そうすると警察は自分の所にデータを持つことができる。一応法律にはそういうことはないと書いてありますが。

神保——一応、自動的に消去する機能があると書いてあるわけですね。

足立——書いてあるのですが、それは本当なのかどうか。

神保——本当に消去したかどうかをチェックする方法がない。

足立——立会人がいればまだわかるかもしれない。第三者のチェック機関をおくべきだと思います。

神保——暗号化する理由は要するに、インターネットは一般の公衆回線を使って行うので、外に漏れたりすることを防ぐため、ということなんでしょうか。

足立——そこがよくわからないんですよ。通信事業者から警察に送るときに内容が漏れてはいけないという意味では、そうかもしれない。

神保——今のように通信事業者の立ち会いのもとに盗聴する場合でも、日本の盗聴法はスポット傍受といって試し聞きができることになっている。立ち会っている通信事業者は、盗聴をしている捜査官が何を聞いているのかはわからないので、例えばそこで犯罪とは関係のない通話をずっと聞いていても、立会人にはそれをチェックすることはできません。まあ、一応立会人がいるので、例えば、試し聞きで何時間も延々と通話を聞くようなことはさすがにできないかもしれませんが。法改正後は、その監視すらなくなるわけです。

以前にアメリカの盗聴事情を取材したときに僕が強調した点ですが、例えばニューヨーク市警の場合、捜査官が盗聴して聞いた通話はすべて自動的に録音され、編集もできない。機器自体が録音ナシの試し聞きができないような作りになっていて、録音された盗聴通話は無編集でそのまま裁判所に提出されなければならない。だから、捜査官が盗聴して聞いた通話はすべて確実に記録に残ります。それに対して日本の場合、試し聞きができ、何を聞いたかは証拠が残らない。今回の法改正では立会人もいなくなるわけですが、どこかでチェックはされるんですか。

足立――チェックはされます。技術的なことは詳しくないのでよくわからないんですが、ブルーレイという録音方式があるでしょう、それで記録される。スポット傍受は最近聞いた話だと、聞かなかった部分は消える。そして聞いた部分が裁判所に行くということになっているそうです。

神保――捜査官が聞いた通話は、すべて裁判所に届けられることになったのですか。

足立――全部行くことになっています。

神保――でも犯罪に関係のない通話は消されるということになると、消されてしまったところにもともと何が入っていたのかはわからないですよね。一旦消されると、何が消されたのかはわかりませんから。どうも未だに警察や検察は悪いことをしないという性善説に立っているとしか思えません。

権限と利権

神保――今回、弁護士の山下幸夫さんに、法改正後に具体的にどんな問題が出てくる可能性があるかを聞いたのですが、やはり、盗聴の対象となる犯罪の拡大と、あとは消されることになっているデータが実は保存されるのではないかということを危惧されていました。

《二〇一五年六月二五日　ビデオニュース・ドットコム
インタビューズ「盗聴権限の大幅拡大で盗聴捜査が日常化する」》

神保：警察がそうまでして盗聴権限を拡大したい真意はどこにあると考えていますか。

山下：僕はやはり盗聴をテコに、いろいろな捜査の出発点にしたいのだと思います。今まては犯罪の対象が四類型しかなかったのでほとんど使ってこなかった。今回対象犯罪を広げることで、まず盗聴してからその資料をもとに捜査を始めるというか、それをベースにした捜査というふうな捜査のあり方に変えていこうとしているのではないかと思うんです。盗聴から得られるいろいろな情報を活用していこうと、そのように彼らも考えているのではないかと思います。

神保：法改正後は立会人も要らなくなりますが、その場合は乱用に対する歯止めとしてはどんなものが残るのでしょうか。

山下：私どもが危惧しているのは、実は警察署の中のコンピュータがあるんですが、それはもちろん仕様を公表して、ソフトなどを公募して作ると言っています。普通は今言った原記録を作る、それから、傍受記録を作る、二つの記録する装置がそこについているのですが、もう一つ自由に聞けるという仕組みにすれば、それはもちろん仕様に書かずに後から加えるわけですが、そういうことをすれば全部聞ける、場合によってはそれを記録できるということもあり得るわけです。警察署の中でやっていればそれができるわけです。今までは通信事業者でやらなければいけなかったので、そんなことはできない。ところが、今回のものでは他に誰もいませんから、そこで何をしようがわからないわけです。それはもう誰もチェックできない。それが最大の問題です。今回立ち会いを一切排除することでチェックを誰もできないということになるのが最大の心配です。

……………………………

神保――技術的な点で心配なことはいくらでもあるんですが、先ほど足立先生が指摘されたように、捜査官が盗聴で聞いた通話は基本的にすべて保存され、すべて裁判所に行くことになっている。だから理由もなくずっと犯罪と関係のない通話を連続して聞くことはできないようになっている。

それに加えて、対象犯罪の類型が大幅に広がるというのが、今回の改正案の骨子だということです。そして、それが足立先生が先ほど指摘された、もともと法曹界が一六年前にやりたかったが、そのときはいろいろと制約をつけられて思い通りにできなかったので、今回敗者復活戦でもう一度チャレンジしてきたということのようです。

宮台――山下弁護士の話で、僕にはよくわからなかったところがある。つまり、仕様書と、実際のソフトに違いがあり得ると言われているわけです。だとすれば、それをチェックする仕組みがないということなんでしょうか。ソフトの仕様の確認を誰がするのでしょうか。

神保――ソフトやハードウェアが法律に書かれている通りになっているかどうかをチェックする仕組みはあるんですか。

足立――ありません。

神保――それじゃ、やりようがありませんよね。

足立――ただ、六月一七日に衆議院法務委員会の委員たちが、施設に見学に行っています。おそらくそこで、今のお話の回答のようなものをもらっているのではないでしょうか。先ほど言ったような機能の話については、三週間か四週間か後ぐらいに法務委員会で議論されます。その追及は大いにしてもらわないと困る。そこが一番懸念されるところですから。

神保――乱用を防ぐためにはとにかく記録に残すことが大事です。刑訴法の改正案は今国会で通ることが予想されていますが、少なくともまだもうしばらく審議は続くので、野党やメディアがこれからそれらの点をどれだけ厳しく追及するかによって、最終的な仕様も変わってくるかもしれません。実際に法案が通ってからコンピュータの導入が始まるわけですよね。

足立――そうです。

神保――ソフトの開発も、その後という理解でいいんでしょうか。

足立――国会を通らないと予算がつきませんから。一台、一〇億から三〇億と言われる費用がかかるわけです。

宮台――足立先生、それもよくわからないんですよ。企業はかなり大型のサーバーを導入していますが、一〇億とか三〇億のコンピュータを導入する会社なんか今ありませんよ。どうしてそんなコンピュータが必要なんですか。

足立――わかりません。つまりそれだけの機能をつけるということなんじゃないでしょうか。高いですよね。

宮台――高すぎますよ、おかしいな。

神保――『2001年宇宙の旅』のHALのような巨大なメインフレームでも買うつもりなんでしょうか（笑）。

宮台――普通、パソコンでしょう。

神保――パソコンにソフトをインストールして三〇億円って、どんなソフトなんでしょうね。

宮台――それは競争入札じゃないのかな、普通に考えておかしいですよ。

神保――入札だと情報が漏れるとか言い出すかもしれません。そんなことを言っていて、結局、アメリカが使っているものをそのまま使うことになるのかもしれませんが。本当に、アメリカの国家安全保障局（NSA）が使っているソフトを売りつけられないといいんですけれどね。

国会に報告された盗聴捜査

神保——現行の盗聴法の下で、盗聴はどれだけ行われていたか。現行の盗聴法は二〇〇〇年の四月に施行されたんですが、最初の二年間はほとんど使えてなくて、対象になった事件の件数はほとんどゼロでした。

やっと二〇〇二年に二件、それで逮捕者数が七人。盗聴通話数が二五六件、そのうち犯罪関連通話が六一件、無関係率は七六％でした。犯罪に関係のない通話が大体八割から九割、一割五分から二割が犯罪関連の通話だった。通信種類は基本的には携帯電話。今、有線電話で通話することはあまりないでしょう。もっとも、今時、犯罪組織のメンバーが持ち主の身元が割れている携帯電話で犯罪関連の通話をするだろうかという疑問もあります。犯罪関連通話の件数は、二件から一番多くて十数件、盗聴件数も二万件いくかいかないかくらいで止まっています。一方、アメリカでは盗聴件数は二〇〇万件という桁違いの数字になっています。それは表向きの数字で、今回のＮＳＡの事件でスノーデン氏があきらかにしたところによると、実際に盗聴した件数は何十億件のオーダーだったようです。ですから、現行の日本の盗聴法が、警察にとってとても使い勝手の悪いものだったことが数字からも見て取れます。結果的に逮捕者数も一五年間で五二五人に止まっています。足立先生、この数字についてはどう思われますか。

足立――本当に盗聴が必要なのかどうかが問われているんだと思います。使い勝手の良し悪しではなく、本当に盗聴は必要なのか？　将来の犯罪のための盗聴です。麻薬とか、薬物関連の場合、盗聴して、取引の現場を押さえるということは現実にあります。しかし、ここに数字が上がってきているのはそういうものではありません。九九年のときに急遽最後に入れられたのが密航でした。当時は中国の福建省から来るという話だった。でも、その後、使われていないわけです。だから今回、対象から外せばいいのに外していない。

神保――今回の法改正に含まれている新たな犯罪類型の中の集団密航ですね。

危機を煽れば、盗聴は正統化できるか

神保――ここまで盗聴法の問題点を見てきましたが、犯罪の専門家とは別に、テロの専門家の中には盗聴権限は必要だと主張される方がいます。この点について足立先生はどう思われますか。

足立――刑事訴訟法における盗聴とは、どういうことなのかを理解された上で話していただかないと、世間に誤解を生みます。なぜなら、盗聴というのは将来の犯罪のために聞くからです。普通の捜査は、犯罪が起きてから始まります。もし犯人がわかれば逮捕すればいい。ところが、まだ犯罪が起きていないんです。過去、同じような犯罪は起きているかもしれない。でもそれは終

わっているわけです。これから、次の犯罪があるかもしれないから、この間に盗聴するわけです。今聞いている犯罪はまだ起きていない。

神保——なるほど、すでに終わった犯罪の話をわざわざ盗聴される恐れのある電話でする人も、そうはいないですものね。

足立——これから起きるであろうという予測で聞くわけです。そういうことが本当にこの日本の社会で必要なんですか。何かあると、地下鉄や駅で、ただいま厳重警戒中ですとありますよね。だけど、本当に日本でテロが起きているのか。アメリカとかフランスのようなテロが起きている国と日本をそんなに同じに考えなくてはいけないのか。それについてはテロの専門家ならテロの専門家がきちんと答えを出すべきだと思う。それをしないで、アメリカがやっているから日本でもやるというのは誤った導入論だと僕は思います。

神保——宮台さん、足立先生が言うように、犯罪のデータを見ても、どうしても導入しなければいけないような切迫した状況があるとは思えません。僕が一番心配していたのは、今回の強化された盗聴法が特定秘密保護法と結びつくことです。例えば、テロ関連の通話を盗聴した場合、それを特定秘密に指定してしまえば、盗聴が行われた事実も非公開となるのではないか。でもその一方で、日本の警察はそんなテロ対策なんて大それたことを本気で考えているわけではなく、実際は利権と新しいポストとお金を取りに来ているだけという気もします。

宮台——足立先生、先ほどの行政盗聴と司法盗聴の違いなんですが、例えばテロを起こしそうな人がいるとします。すると、テロを起こしそうな人がいるという令状を書くことになるのでしょうか。

足立――行政盗聴は令状が必要ありません。

神保――今は行政盗聴がないから司法盗聴になるということですね。

宮台――その場合、嫌疑があるというのは、どういう嫌疑を令状の要件とするのでしょうか。

足立――以前にそのような犯罪の前歴がある。例えば振り込め詐欺なら、以前それを行っている、だからこの人を盗聴しなければならない、というときに、要件として令状を書くわけです。

宮台――裁判官が盗聴、通信傍受に関する令状を出さないケースはほとんどない気がします。裁判所はそこではチェック機能を果たせないのではないでしょうか。

足立――日本の令状実務は九八%ぐらい認めていますから、ないと思いますよ。

神保――冒頭に紹介した九九年の国会審議では、公明党の大森礼子さんと法務省の松尾邦弘刑事局長ははっきりと、裁判官が判断すると言っていましたよね。

足立――先ほど神保さんが、もしテロ情報が入ってきたらという話をされましたよね。それは国会で維新の会（当時）の井出庸生《いでようせい》さんがしつこく質問したんです。つまり、盗聴していて犯罪情報が入ってきた、その内容が特定秘密保護法に該当する場合、関係づけられるんですかと。そうしたら政府関係者は、「それは絶対にしません、捜査情報は捜査情報のままです。特定秘密保護法の対象にはしません」。井出さんは、「もしそんなことがあるとしたら大変なことだから、統一基準のようなものはあるか」という質問をしていたんです。しかし、捜査情報だから特定秘密保護法にはいかないという答えしか返ってこなかった。

宮台――運用上、そんなことはありえませんよね。はっきり言えば「ウソ」ですよね。

足立――あったこと自体が秘密ということなんでしょう(笑)。

神保――捜査情報が特定秘密保護法の対象になるということ自体がまずいから、それも秘密ってことですよね。そこで、場合によっては特定秘密保護法の対象になるかもしれない、なんて言ってしまったらその発言自体が特定秘密保護法違反になってしまう。

足立――(苦笑い)

神保――もう一つ、今回の刑訴法改正では司法取引も入ってきました。司法取引そのものもいろいろな問題を孕んでいますが、盗聴法と組み合わさると、通話を盗聴して得た情報に基づいて司法取引を持ちかけられるような捜査が可能になります。司法取引の懸念点について、元検察官で現在は民主党(当時)衆院議員の山尾志桜里さんにお話を聞いてあります。

……………………

《二〇一五年六月二四日　東京・永田町にて》

山尾:村木さんの冤罪事件の真髄というのは、共犯者とされた元部下が「村木さんの指示でやった」と、偽りの共犯者供述にすべてのスタートがあり、すべての核心があり、これが覆って、この方が最後の公判廷では「あれは嘘です。指示はなかった」と言ったことで村木さんは本当の意味の無罪を勝ち取ることができた。
　では、もし今回の司法取引が、村木さんの事件に、もうあったとします。要するに、上司の関与を認めればお前の刑は軽くするよ、これがもう法律として認められるわけです。おそらくますます嘘を言っても上司になすり付ける、同僚になすり付ける、共犯者になすり付ける。こういうことで、偽りの供述を引き出すパワーというのは増えますよね、当然。
　もう一つ重要なことは、もし司法取引で、もしこの共犯者の嘘の供述がなされていたら、果たして彼は公判廷でこれを覆せただろうか。もし取引であれば、覆したときは自分の刑が重くなるわけです。警察官から、約束を反故《ほご》にしたと言われるわけです。嘘だと言ったら自分の刑が厳しくなる。さらに偽りを真実に変える力というのは弱まるわけですよね。検察官の前で一旦言ったことを覆すな、と。そういうことを考えても、ああいう冤罪事件を起こさないために始まったこの改革に、可視化と並べて司法取引が入っているというのは私は非常に奇異に感じています。

……………………………………………

神保――山尾さんの指摘はこういうことです。村木さんの事件でも、上村さんという課長が途中から、「村木さんの指示があったというのは嘘だった」と言ったので、村木さんの嫌疑は晴れた。しかし、もし司法取引の制度があれば、彼は嘘をつき続けることで無罪になるか、たとえ有罪でも罪が軽くなっていたはずです。そうなっていたら、村木さんの嫌疑は最後まで晴れず完全な冤罪になっていた可能性があった。村木さんの冤罪事件への反省から始まったはずの改革が、将来、村木さん事件と同じような事件が起きたとき、もっと悪い事態を引き起こしかねない制度に置き換わっていていいのだろうか、と。

足立――言われる通りです。村木さんの事件で、もし、彼が司法取引していれば、法廷で、あれは嘘でしたなんて言えば、虚偽証言罪で五年以下の懲役、刑が重くなります。それ以外には、司法取引からの離脱、司法取引をした検察官なら検察官に「もうやめる」と言って自分から離脱するしかありません。それも難しいですから、おそらく一度嘘をついたら、嘘をつき続けることになるでしょう。そうしたら嘘が本当になってしまうんですよ。

神保――しかも、可視化されていない中での取引ですからね。

足立――そうです、可視化の対象外なんです。それから、司法取引は死刑と無期懲役は外されています。なぜなら、裁判員裁判の対象事件ではないからです。推測ですが、おそらく司法取引を裁判員裁判でされたくないのではないか。職業裁判官と職業検察官の中でうまく話をつけて、有罪にしようということだと思うんです。

宮台――神保さん、教えてほしいんですが、アメリカでは実際司法取引に応じて自分の刑が軽くなるからという理由で虚偽の証言をした、それが冤罪の原因になったというような場合があるんでしょうか。

神保――アメリカの場合は、司法取引のほとんどは自己負罪型の司法取引です。夥《おびただ》しい数の犯罪が起きるアメリカですべての事件を裁判にかけていたら膨大なコストがかかるし、そもそも裁判官の数が足りないということで、被疑者と検察の間で罪を認める代わりに刑を軽くしてあげるという取引をして、裁判をせずに決着をつけようとするのが自己負罪型の司法取引です。

ただ、今回日本の刑訴法改正ではこのアメリカ型の自己負罪型司法取引は導入されませんでした。自分で自分の罪を認めることで罪を軽くしてもらうのが自己負罪型司法取引ですが、今回日本では自己負罪型の代りに、共犯者などが捜査に協力すれば罪を軽くしてもらえるという捜査協力型の司法取引のみが採用されました。要するに他の人の犯罪を証言すればあなたの罪を軽くしてあげるというもので、検察の捜査権限を強化するものです。

もちろんアメリカでも捜査協力型の司法取引で嘘の証言が行われ、冤罪の原因になったことがあります。誰でも自分が助かりたければ嘘だってつくし、人のことを裏切りもする。それは世界中どこも同じだと思います。

もう一つアメリカには刑事免責制度という司法取引の一形態があります。これは自己負罪型にも捜査協力型にも少し似ていますが、似て非なるもので、要するに真相究明を優先することが公益に適うとみなされる場合に採用されるものです。

飛行機事故のような大きな事故が起きたとき、例えばその操縦士などは自分が業務上過失致死罪などで刑事訴追されるかもしれない状態では、真相究明に協力することが本人にとってはリスクとなる可能性がある。そういう場合は、個人を刑事訴追することよりも事故の原因を究明して今後に活かすほうがより公益に適うとの判断から、操縦士を刑事免責した上で、原因究明に全面的に協力させるのが刑事免責制度です。

日本では御巣鷹山の日航ジャンボ機の事故で、事故調査委員会が刑事訴追される恐れを理由にボーイング社から原因究明のための協力を得られなかったり、それ以外にも大きな乗り物事故などの際に、刑事免責制度が存在しないために、事故の真の原因が何なのかが究明できなかったケースが少なくありません。なぜ日本ではこの制度の実現が難しいのでしょうか。

足立――非常に厳しいと思います。日本では、コーチャン証言が刑事免責に当たります。日本では訴追しないで、わざわざアメリカでやったわけです。しかし、今回日本で導入された刑事免責制度というのは、それとは違います。自分が罪にならない代わりに他の人の罪を暴くわけです。それが、本当にいいことなのか。

神保――今回日本で採用されている捜査協力型の司法取引は、事故原因究明のための免責制度とはまったく性格が異なるということですね。

足立――そうです。一つ例として挙げられるのは、国際サッカー連盟（ＦＩＦＡ）の会長ブラッター氏の汚職事件です。もしアメリカで訴追されていれば、下のほうの理事が自分の罪を軽くするために会長にやれと言われたと言うかもしれない。こういう制度は第三者を罪に陥れるインセンティブを与える制度だと僕は思うんです。

神保――自分が助かるために虚偽の証言を招きやすい。

足立――僕の知っているのは甲南大学の笹倉香奈先生の研究なんですが、アメリカの場合でも、やはり結構冤罪が多いそうです。特に死刑事件で、刑事免責制度が発端になって冤罪になりやすい。

神保――自分が助かるために、嘘の証言をしてしまうわけですね。足立先生、日本ではこれまで正式に司法取引という制度はなかったけれど、実際には密室の中の取調べで、認めれば罪を軽くしてやるといった取引は日常的に行われていたと思います。それが今回は正式な制度として始まります。もちろんそれが乱用される危険性には注意が必要ですが、これまで実際には行われているのにないことになっていた状態よりは、きちんと制度になっていたほうが良いのではないかという考え方はできませんか。

足立――僕は逆だと思います。今まではないという建前になっていたから、たいしたことはできなかった。しかし今度は正式な制度になったとすれば、自分のために他人を売る作業が大手を振って公然と行われるようになるのではないか。僕はそのほうがずっと危険だと思います。

宮台――従来の特捜検察の冤罪事件を見れば、実際にその人間が犯人であるかどうかより、たとえ捏造であっても、証言や証拠を取ってきて有罪にできればいい、それがポストに結びつくから、という構えがあきらかです。残念ながら、足立先生が危惧されているとおりでしょうね。

一括だから一括

神保——今回の司法改革では、もともと取調べの可視化を進めなければならないという話だったはずのものが、世の中の関心が薄れてくるにつれて横道に逸れはじめ、最終的には盗聴権限の拡大と司法取引という形で、むしろ検察の捜査権限の大幅な拡大になってしまった。しかも、取調べの可視化をするのなら、その引き換えとして盗聴権限の拡大や司法取引が必要という理屈で、ごくわずかな可視化に対して、盗聴権限の拡大や司法取引の導入など、捜査権限は大幅に拡大されています。

そもそもどうして可視化と他の捜査権限の拡大が一体化してしまったのでしょうか。取調べの可視化は、それが無いことが原因でさまざまな不祥事が起きていることはあきらかだし、そもそもそれが国際標準なのですから、可視化は可視化として進め、盗聴法や司法取引をどうするかといった議論はもう少し慎重に進めるべきだったのではないかと思うんですが。たまたま今日、閣議後の記者会見で上川陽子法務大臣がこの点を質問したところ、司法制度の適正化と自白依存の見直しという趣旨が一緒だから一括して扱ったんだなどと苦しい説明をしていました。

足立——最初、三月二日の予算委員会で鈴木貴子さんがこの問題を取り上げたんです。

神保――鈴木宗男さんの娘さんですね。

足立――これは、全く別物だと。可視化のほうは通りやすいが、盗聴法や司法取引は難しいから一体化して、この二つを通そうとしているのではないか、と。そういう指摘を鈴木貴子さんがしたんですね。

六月二日の法務委員会で民主党の階猛《しなたけし》さんも、こういう質問をしています。そもそも内閣が、これを一括で提出する意味はどこにあるんですか、と。そのときに、横畠裕介《よこばたけゆうすけ》法制局長官が「三つの基準があります、この基準に照らして一括化するかどうかを決めます」と答えた。その最初の一つが、法律案に盛り込まれた政策が統一的なものであって趣旨目的が同じであること。二つ目が一つの体系でまとまっていること。三つ目が同じ委員会に所管することになっていること。その三つです。まあ、三つ目はいいとして、一と二が問題です。これについて階さんがしつこく質問した。ところが、法務大臣は答えることができない。役人が書いた作文を棒読みするわけです。でも結論から言うと、結局、誰がどう見ても、この法案は一つの目的趣旨でまとまっていないわけです。体系だって違う。だとすればやはり、分けて議論しなければならなかった。そうすると、まず優先すべきは、そもそも議論の発端となった可視化の問題なんですよ。

神保――法務省も可視化と引き換えに盗聴権限の拡大と司法取引の導入をやれと言っているわけですから、引き換えということは両者の趣旨目的が逆だということを認めているわけですよね。それでも、何が何でも一括なんだと。内閣法制局というのはこんなわけのわからない話を平然とする役所でしたっけ。

宮台――上川法務大臣の答弁は、分割して議論するべきだという指摘に対して、「いや分割して議論していただく趣旨の話ではございません」と答えているだけで、意味がわかりませんよね。

神保――何も答えていません。

宮台――これで本当に国会審議ですか。

神保――上川さんは東大、ハーバード・ケネディスクール出身でとても頭のいい人のはずなんだけど、それだけの人がいざ閣僚になると、役人の作文を読むだけのロボットになってしまうから不思議です。

専門家もメディアも切り崩された

足立――本来こういう法律だと、法律の専門家としてもっとチェック機能を果たしていなくてはいけないのが日弁連なんです。先ほど、基本構想の部会長試案が出たという話をしました。確か一月一八日だったと思います。その次に、三日後の一月二一日に部会長宛に日弁連推薦の委員が自分の名前で文章を出しています。そのときに前文で、通信傍受が憲法が保障するプライバシーに抵触する恐れがあると一応言っていますが、内容的には「通信傍受の対象犯罪を拡大し、振り込め詐欺や組織窃盗を含め通信傍受が必要かつ有用な犯罪において活用できるものとする」と認めてしまっている。それから「暗号等の技術的措置を活用することにより立ち会いや封印等の手続きを合理化すること」つまり、機械化も認めている。こうしたことを認めておいて、私たちは一貫して安易な拡大には反対しています、と言っていたのではダメだと僕は日弁連に対して非常に怒っています。

神保――日弁連も切り崩されているのですね。今おっしゃった会話の傍受というのは通信ではなく、部屋などに盗聴器を仕掛ける室内盗聴のことですよね。それはさすがに今の段階でもダメだと、そういうことですよね。

足立――三年か五年後には、必ず室内傍受も出てきますよ。

神保――よく郵便物の中にマイクを入れておくとわかるという話がありますよね。

足立――郵便物ではなくて、コントロールデリバリー(泳がせ捜査)、薬物をつけて配達させようというのも、室内盗聴のこの問題の中に入っているんです。

神保――次はそっちでしょうね、それも技術的に結構お金がかかりそうですよね。また何十億円もするような盗聴装置が必要になるのかもしれない。

足立――警察はそれがやりたくて仕方がないんですよ。

神保――放っておけば、権限も増えるし、利権も増える。こういうのは気がつくと主客逆転していて、利権のほうが主目的になっているなんてことがよくあります。権限を持てば、当然使います。使えば使うほど利権が拡がるのであれば、どんどん使うに決まっている。それが乱用につながる。本来の目的のためにやっているのであればまだいいけれども、動機が不純の場合、より乱用が起きやすい。中には盗聴によって偶然知った政治家の弱みを利用しようとする人も出てくるかもしれない。今日の足立さんのお話を聞いていて、僕はそんな気がしてきました。

宮台――以前、マックスウェーバーの議論を引いたことがありました。基本的に政治家と官僚は利害が対立している。行政官僚制の官僚たちは、ポストと人事の最適化を目指すから、最適化ゲームのプラットフォームを変えたくない。然々《しかじか》の実績はもう参照しないことにしたなどと言われては困るからです。それに対して、政治家は、そんな制度を存続させたら社会のまともな存続が危ういときには、プラットフォームそのものを変えなければいけない。それは官僚にとっては嫌なことです。だから、あらゆる手段を使って政治家に対抗する。その場合には、小室直樹先生が言うように、「国策捜査」や「疑獄」を含めて、どんなことでもするでしょう。そういう意味では、政治家は、警察官僚にこんな強大な権限を与えてしまってよいのだろうか。あまりにも行政官僚に対して性善説的に強大な武器を与えることになるのではないか。行政官僚と政治家がどうしても対立しなければならないようないざという場合に、政治家は官僚に対抗できるのだろうか。僕は難しいと思います。

神保――政治家にとって自殺行為だということですね。

宮台——どうして、そのことに気がつかないのでしょうか。

神保——もちろん市民社会も頑張らなければいけないけれど、選挙で選ばれて市民の利益を代表しているはずの政治家が、このような法案を通してはまずいですよね。自分たちが野党になったときに、与党がその力を持っていることのやばさを考えてみたのでしょうか。そう考えるともう少し恐ろしさを感じるはずなんだけどなあ。

足立——おっしゃる通りです。司法取引で一番危険なのは、政治家であり財界なんですよ。スノーデン事件を見てもわかるように、権力者は盗聴したくて仕方がないわけです。どうしてそれに気がつかないのか。今からでも遅くないんですよ。自分たちが危ないかもしれないということを、どうしてわからないいんだろう。

神保——もともと彼らは、一般の市民を盗聴したいわけではない。力のある人たちを盗聴したいわけですからね。

足立——そうです。

神保——今日、盗聴や司法取引について、かなり踏み込んだ議論をしてきましたが、これまでほとんどどこんな話は聞いたことがなかったという方が多いのではないかと思います。それが一六年前との一番大きな違いです。一六年前は曲がりなりにも盗聴法に対する危機感があった。今回はそれがほとんどないように思います。足立先生、盗聴法問題に関するマスコミ報道は一六年前と比べると変わりましたか?

足立——圧倒的に少ないです。例えば僕らのグループで記者会見をするので来てください、といってもほとんど来ません。

神保——盗聴法の問題点を指摘する記者会見をすると言ってもですか。

足立——昔はもっと東京三会の弁護士会が燃えました。今、東京三会は全然燃えていません。

神保——先ほどのような文章まで出して、事実上、もう賛成してしまっているわけですものね。

足立——そう。どうしようもないですよ。

神保——弁護士会が切り崩され、マスメディアが総崩れになっているということが一六年前との大きな違いですね。しかも、それは、たまたまそうなっているのではなく、一つひとつ布石が置かれてきた結果なんですね。だからこそ、一六年前は出せなかった法案が、ここにきて出せるようになった。これは安保法制も同じかもしれません。ただおそらく、これで終わりではなくて、まだこの先がある。あきらめたら最後、次は室内盗聴だの何だのと、止まるところを知りません。

足立——今のペースで行けば、九五日延長しても盗聴法とか刑訴法の一部改正案は通らないと思いますよ。可視化、司法取引、証拠開示、盗聴。その四つについてそれぞれ最低三回はやります。大臣と政府質疑、参考人質疑、それから政府質疑。今やっと来週から二つ目の司法取引に入るんです。最後に総括質疑をしますが、また一週間ぐらいかかる。

神保——ただ、仮にこの国会で通さなかったとしても、もはやそれは単なる手続きの問題ですね。世の中にそんなに反対も強くなっていないし。もっとも、安保法制が片付いた後でこれがもう一度出てくれれば、世の中の反応ももう少し違ったものになってくる可能性がありますね。

足立――ありえます。

神保――法案そのものもさることながら、一六年前と比べたときのマスコミや弁護士会など周囲の状況の劇的な変化を感じます。宮台さんと一六年前に話したことが昨日のことのようですが、状況はここまで来てしまいました。ただ、一六年前はビデオニュース・ドットコムがなかったけど、今はそれがある。だから、われわれは足立さんとこんな議論ができるし、数は多くなくてもこの危機感を視聴者の方々と共有する手段も持っています。先ほど宮台さんがおっしゃったマックス・ウェーバー的な動機、官僚組織はほっとけばどんどん膨脹する。そして、常にその背後には権限と利権がセットになっていることを、今あらためて、われわれは肝に銘じなければならないと思います。

第六章 日本が人質司法をやめられない理由

弁護士 今村 核

神保哲生 × 宮台真司

1962年神奈川県生まれ。弁護士。88年東京大学法学部卒業。92年弁護士登録。同年より旬報法律事務所に所属。自由法曹団司法問題委員会委員長、日本弁護士連合会全国冤罪事件弁護団連絡協議会座長などを兼務。著書に『冤罪と裁判』(講談社現代新書)、『冤罪弁護士』(旬報社)、共著に『日本版司法取引を問う』(旬報社)、『続・痴漢冤罪の弁護』(現代人文社)など。

2019年4月20日配信

変わらぬ日本の司法

神保――マル激の過去のテーマを振り返ってみると、「司法」と「メディア」と「教育」の三つの分野が、日本でずっと問題があると言われながらなかなか改善されないでいることがわかります。どうやらこの三つが、日本が現在の閉塞から抜け出せない大きな原因になっているようにも見えます。

司法についてはここに来て、カルロス・ゴーン氏の事件が話題になっています。過去のどの犯罪についてもわれわれのスタンスは共通しているのですが、その事件の犯罪事実そのものについては、よほど自分がしっかりと取材をして、何かこれまで表に出ていない事実を掴んだりしていないと、きっとこの人が犯人だとか犯人じゃないなんてことは言えないし、多少思うところはあったとしても、軽々しくそういうことは言うべきではないでしょう。しかし、民主的な制度に則って適正な手続きが取られているかどうかという問題と、その人が犯人かどうかという問題は別次元の問題です。むしろ、デュー・プロセス・オブ・ローがきちんと守られているかどうかは、誰が犯人か以前の、近代国家にとっては一丁目一番地の問題なので、それはしっかりと見ていく必要があると思います。

今回のゴーン事件でも、日本の司法制度に改めて光が当たっています。特に今回はカルロス・ゴーンという著名な外国人経営者、しかも日産という国際的に知名度の高い巨大な自動車メーカーの経営者が突然逮捕され、長期にわたって勾留され、今も東京拘置所に入っています（二〇一九年四月現在）。以前から日本の刑事司法制度の下での勾留期間が国際的に見ても異常に長いことは指摘してきましたが、今回は別件逮捕を四度も繰り返すことで、一事件につき最長二三日まで勾留できる日本の制度の下では簡単に一〇〇日も拘置所に留め置くことが可能となります。しかも、相変わらず取調べには弁護士の立ち会いが認められていません。

ゴーン氏の場合は起訴後勾留も認められたので、さらに勾留期間が延びています。禁固刑の判決を受けたわけでもない被疑者や被告が延々と勾留されている日本の人質司法の現状に対しては、日本人はそれほど驚かないでしょうが、これまで日本の司法制度をあまり取材してこなかった外国人記者にとってはまさに驚きの連続です。まあ、この程度の勾留で驚いているようでは、この人たちはこれまで一体何を取材してきたんだとの思いを禁じ得ませんが。日本では量刑よりも長い期間勾留されていた人もいるくらいですから。

逆の見方をすれば、ゴーン氏には申し訳ないけれど、この事件のおかげで、長らく国連などでも問題視されてきた日本の異常な刑事司法制度に国際社会の目を向けさせる効果があったことは間違いないと思います。

そこで今日は国際標準と比較したときの日本の刑事司法の問題点と、なぜそれがいつまでたっても一向に変えられないのかなどについて考えてみたいと思います。ゲストは弁護士の今村核さんです。よろしくお願いします。

今村さんは四月一〇日に出された、「人質司法からの脱却を求める法律家の声明」の呼びかけ人のひとりです。この声明には今、何人くらいの法律家や弁護士の方が署名しているのですか。

今村――一〇一〇人です。

神保――人質司法はずっと以前から大きな問題だったわけですが、今このタイミングであえてこのような声明を出される狙いは何でしょうか。

今村――先ほど神保さんもおっしゃった通り、たまたまカルロス・ゴーンという有名な経営者が逮捕されたことによって、海外からの注目が集まった。日本の刑事司法は異常なのではないかという批判の声が非常に高まっています。常々私たちも異常だと思っていたわけです。この機会に声をあげて改めて問題を浮き彫りにしようとそういう意図です。

神保――長らく人質司法問題に取り組んでこられてきた今村さんにとっても、ゴーン氏のような、いわば「大物」がこういう形で逮捕され長く勾留されるというのは、大きな出来事なんでしょうか。

今村――彼の逮捕によって海外メディアの注目が集まったという意味ではまれな機会だと思いました。

神保――今村さんはわれわれとほぼ同年代で、僕の一つ年下ですが、この人質司法の問題には長年取り組んでこられています。今村さんの弁護士登録が一九九二年で、それ以来ずっとですからもう二五年あまりになります。その今村さんから見て、日本の刑事司法はこの四半世紀で多少は近代化と言いますか、いいほうに変わってきているのでしょうか。

今村——うーーん（長い間）、基本的な変化というのはないんじゃないでしょうか。もちろん多少の変化というのはあったと思います。

神保——良い変化があるとすれば、何でしょう。取調べの一部可視化もそれに含まれますか。

今村——人質司法問題について言えば、勾留却下率が最近少し高まっている。まあそんなところでしょうか。

神保——勾留却下率というのは検察が裁判所に勾留請求を出したときに、それが認められずに却下される率ですね。でも二五年でその程度ですか。

宮台——僕は、刑事裁判というのは被告人を裁くのではなく、検察あるいは検事を裁くということだ、と教わりました。つまり検察官の立証や、立証に至るプロセスの合法性を徹底的に吟味して、少しでも疑いがあれば検察官の言う通りにはしない、つまり無罪にする。これは、基本的には統治権力が、厳格に管理しない限り暴走する可能性があるという認識、要は歴史的な共通感覚に基づいているのだと習うわけです。

神保——裁判というものが、検察側と弁護側が互いに自分たちの主張を出して、裁判所がどちらにより分があるかを判断する場ではないと。

宮台——つまり「テニスの審判じゃない。それは当たり前のことなのだ」と僕たちは習ってきました。

神保――しかし、どうも日本では必ずしもそう思われてはいないようにも見えます。推定無罪の原則が正しく理解されていないからかもしれません。しかも今、宮台さんが言ったように、検察側の捜査に適正な法の手続き（デュー・プロセス・オブ・ロー）として一つでも問題があれば、そこで直ちに裁判は終了となることになっているはずですが……。

宮台――その瞬間に無罪です。

神保――でも、実際には裁判段階で被告人が、取調べ段階で自分は虚偽の自白を強要されたと主張し否認に転じても、取調べ段階の自白が優先され、被告人が有罪になるのがほぼ当たり前なのが日本の司法の実状です。

宮台――僕の師である小室直樹先生は、それを「岡っ引き根性」と表現されます。「ごちゃごちゃ細かいことを言わずに、悪い奴は引っくくってしまえばいい」という世論ができやすいという民度の低さを言います。

神保――カルロス・ゴーン氏の場合も、当初は退職時にもらうことになっているボーナスを、それが確定した年度の有価証券報告書に載せなかったことに対する金商法（金融商品取引法）違反ということだったので、一般市民の間でもそんなことでゴーンさんほどの人を逮捕までするのはおかしいんじゃないかという雰囲気もあったけど、捜査が進むにつれていろいろなリーク情報がメディアで報じられるようになると、いつものパターンで大悪党カルロス・ゴーンのイメージが作られていき、いつの間にかあれはクロだ、クロに決まっているという話になってしまっています。僕たちは事件そのものについて、彼がクロなのかどうかはわからない。けれども、デュー・プロセスがおかしいことを指摘すると、でももうあいつはあきらかにクロなんだから細かい手続きなんかどうでもいいではないかと言われることがよくあります。皆さんが考えるように本当にクロなのであれば有罪になる確率が高いわけですから、だからこそきちんとしたプロセスを踏まなければまずいと考えるべきなのですが、日本ではそういう話があまり通用しません。どうせクロなんだからこの際細かいことはいいじゃないか、となる。長年この問題と闘ってきた今村さんは、どう感じていますか。

今村――手続きに多少問題はあっても、かなり思い切って違法性を指摘しても、それが非常に重要な違法性でなければ、手続き全体を無効にするとかまではやらないですよね。手続き上の違法をもとに無罪になるとか、そういうことは極めて稀だということです。

神保――今、日本で刑事事件で起訴された人が無罪になる確率は〇・一％ちょっとですよね。〇・一％というと一〇〇〇回に一回の割合です。日本では大半の弁護士が弁護士人生を通じて、刑事事件で一度も無罪判決を勝ち取ったことがない計算になります。圧倒的に多勢に無勢状態の中で、それでも今村さんが戦っていけるのはどうしてでしょうか。

今村――どうしてと言われても、困るところがあるんですが……。まあ、やっていく中でやはり問題から逃げられない。だんだんだんだん泥沼に首まで浸かったような状態になって、ですからもう抜け出せない、消極的な言い方をすればそういう感じですかね。

神保——それでは日本の刑事司法で国際的にも問題視されている部分を順番に見ていきたいと思います。

まずは日本の警察と検察の勾留期間の長さです。警察が逮捕後四八時間勾留した上で、二四時間以内に検察に送致します。警察の逮捕段階の勾留も、トイレなどが剥き出しになっているような代用監獄と呼ばれる警察署内の劣悪な勾留施設に留め置くことが問題視されていますが、警察から検察に送られる段階ですでに被疑者は七二時間、つまり三日勾留されています。

次に、検察に送致されると、検察では起訴か不起訴かを決める前の段階で、まず一〇日間、それでも足りなければもう一〇日間の、あわせて二〇日間勾留することができます。もちろんこれには裁判所の令状が必要ですが、勾留令状も九八％以上の可能性で、ほぼ例外なく認められています。

アメリカを始めとする他の先進国では多少ばらつきがありますが、大体、長くても三日程度までしか起訴前の勾留が認められないのが国際標準のようです。仮にそれ以上の期間の勾留が認められたとしても、三日を超える勾留の結果出てきた自白や証言は、裁判で任意性が問われ証拠として認められないので、それ以上勾留しても意味がないことになります。今村さんはこの二〇日という期間をどう受け止めていらっしゃいますか。

今村——それは、長すぎるとか、そういうことでしょうか？

神保——はい、しかし、日本には日本独自の司法制度があるのだから、外国の制度と比べる必要はないというようなことを言う人もいます。

今村――ちょっと別の角度からお話しします。自白に追い込むために二三日間も本当はいらないはずなんです。大体二日か三日ぐらいで無実の人でも虚偽の自白をしてしまうということはあると思います。ただ虚偽の自白に陥っても、私がやりましたということを認めたくらいの時間しかない、七二時間くらいですとね。その後どうやって行ったのか、細かく説明しなくてはいけないんです。けれども、無実だと説明できない。知らないことはしゃべることができませんから。想像で話すと、あちこち矛盾してしまうわけですね。客観的な証拠と反することをしゃべってしまう。そのたびに「それは違う」というふうに、正解を言うまで許してもらえないわけです。そういう取調べが延々続いて、長い自白調書を作るわけです。それだと二三日間でやっとギリギリということだと思います。そのための期間なのかなという気がしますよね。これは虚偽自白の事例ですが、そうでなくとも、仮にしぶとい人がいても、一〇日目に認めると出られるとわかると、やはり、いろいろ理由があってとにかく出たいということで認めてしまう。あるいは、逮捕段階で勾留一〇日とか二〇日とか聞いただけで、とてもではないが無理だというので認めてしまうということもあると思います。

神保――長い取調べによって、実際に犯行を行った被疑者が犯行を認めるケースも多いのだと思います。しかし、そういう自白の取り方を認めてしまえば、当然、虚偽の自白というケースも出てくる。日本も近代司法の大原則である無罪推定原則の「百人の罪人を放免するとも一人の無辜の民を刑するなかれ」という考えを採用しているのであれば、一人でも虚偽の自白を誘発してしまうような取調べは認められるべきではないことになります。しかし、下手をすると日本人の多くは、一〇〇人の犯罪者を自白させられるなら、一人の無辜どころか、多少の冤罪があってもそれはやむを得ないと考えているのではないでしょうか。そうだとすると、その世論が現在の日本の刑事司法のシステムを支えているということになりますね。

宮台――社会心理学者の山岸俊男（故人）によると、日本人は世界中のどの国民よりも自己中心的《エゴセントリック》です。自分の所属集団（専門的には内集団と呼ぶ）の中での立場《ポジション》しか考えていない。これは、所属しないさまざまな集団（外集団）の成員を含めた「知らない人たち」に貢献する公共心《パブリック・マインド》から、程遠い。しかし、そうした所属集団へのへばり付きが、日本では「滅私奉公」と呼ばれたりもする。日本以外のどの国でも、パブリックとは、より大きな範囲の人々への貢献や、人々の共有財への貢献だと考えられています。僕は小学生たちには「知らない人たちへの貢献」だよと教えています。どの国でも、「知らない人たちへの貢献」が、教育においてすごく重視されています。日本ではそのような教育は全くされていない。言ってしまえば、犯罪者が逮捕されるということが、すべて他人事なんです。知らない人たちのことを、全く自分事化できない。自分事として理解されるのは、「犯罪者は恐ろしい」ということだけ。それどころか、歩留まり的に少しぐらい冤罪があってもかまわないじゃないか、という劣化した感情を見せる輩《やから》が、ネット上には溢れています。

神保――実際に現場で日々、この問題と闘っている今村さんは、人質司法という制度が日本の一般市民に容認されているとか、支持されていると感じることはありますか？

今村――知られていないというのが私の実感には一番近いですかね。

神保――取調室でどんなひどい取調べが行われているかがもっと広く知れ渡れば、もう少し違う反応が返ってくる可能性があると？

今村――もうちょっと違うのではないか、と思いたいですよね。

神保――そうするとマスコミの問題ということにもなってくるのでしょうか。それを知らせるのはメディアですよね。

今村――マスコミ……、そうですね……。

神保――自分の身内に冤罪の被害者などがいれば、一次情報として検察の実態を知る機会があるかもしれませんが、ほとんどの人にとって検察が何をやっているかを知る手段というのは、メディア報道くらいしかありません。

今村――もちろん、宮台さんの言うように、知ったとしても自分事として感じる人の割合はもしかしたらそれほど多くないかもしれない。確かに冤罪の恐怖を共有していないというのは、それは、そうかもしれません。

宮台――二三日間も警察の段階で勾留されるというだけでもきついのに、その上、怒鳴られ続ければ、しゃべって楽になりたいなと思うでしょう。そういう可能性を自分事として想像できれば、それは危険だと思えるはずです。けれども、そういうふうに思わない人たちが日本ではとても多い。それには、今村さんがおっしゃったように、知らないということも大きいでしょう。今回のゴーン氏に関する報道を通じて、ようやく少しは知る人が増えた感じです。

神保——日本の刑事司法がどんな問題を抱えているかは、外国人記者だけじゃなく、実は一般の日本人もちゃんとは知らない可能性が高いわけですね。今回、カルロス・ゴーン氏が再逮捕されたときに、弘中惇一郎弁護人が記者会見で言っていたことですが、今回の再逮捕は一度保釈された後、外国特派員協会で記者会見を開くことが決まっていたのに、その直前に再逮捕することで、彼を検察の力の前に屈服させると同時に、ゴーン氏に自由な発言の機会を与えないことも意図したものだと。

結果的にゴーン氏抜きで行われた会見の場で弘中さんが強調していたのは、一回保釈されて外の空気を吸った後に再逮捕されるのが、すごく精神的にこたえるということでした。ゴーン氏の場合、高齢でもありますし、体調もあまり良くないという話も聞いています。この再逮捕というのは非常に問題のあるやり方だと、弘中さんは訴えていました。別の容疑があるから再逮捕したまでだと言われれば反論のしようもありませんが、その一方で、金商法違反の容疑では違反期間を二つに分け、二度逮捕するなど、あきらかに長期勾留を狙ったやり方を採用しています。今村さんは今回の再逮捕はどう見ていますか。

今村——よくあるやり方でもあるんです。というのは、例えば氷見《ひみ》事件という富山の冤罪事件がありました。強姦事件二件。いずれも冤罪です。一件目の事件で二三日間過ぎたから釈放して、警察署の出口まで連れていって、その場で再逮捕する。そうやって精神的ショックを与える。それ自体は結構あることです。それがひどいことかどうかといえば、本当にひどいですよね。ゴーン氏の事件では、特別背任というのは同じ線で捜査していて、共通の事件ですよね。全く別の事件であれば違いますが、関連した事件ですから。それで保釈後もう一度逮捕するというのは、それはないだろうと思いました。

神保——特別背任の場合は、会社に損害を与える意図の証明が必要になります。書類だけで意図を証明するのは難しいので、なおさら自白が欲しい。だから追い込んでいく必要があったのかもしれませんね。

今村——いくらやっても自白しない人に、長時間取調べしても無理ですから。

冤罪はこうして作られる

神保——最近の冤罪事件を見ると、ほとんどの事件で被疑者は取調べ段階で一度は自白しています。袴田さんの場合も、真夏の猛暑の中、冷房のない取調室で一日一〇時間以上も連日連夜追い詰めるような厳しい取調べが行われていたことがわかっています。

今村さんはこれまで多くの冤罪事件を見てきて、冤罪事件に共通するパターンのようなものはあるのでしょうか。

今村――自白の他にもいろいろあるんですが。郵便不正事件の場合は、自白ではないんですよね。

神保――村木さん自身は自白していませんが、村木さんの部下が、村木さんがやったと証言したんでしたね。その部下の方と検察の間で事実上の司法取引があったと言われています。やはり人質司法の一番の問題は虚偽の自白の強要でしょうか。

今村――志布志事件の場合、一三人のうち、捜査段階で自白した人や、第一回公判で自白したという人もいるんですね。そういう人ほど早く保釈される。否認を続けていると保釈されない。一貫して否認している人は長い間勾留される。自白をすれば釈放されるけれど、否認していれば釈放しないということがはっきりわかるんですね。

神保――しかも、起訴されたらやっていてもやっていなくても、どのみち九九%以上の確率で有罪になる。なのに否認していると量刑が重くなるとなれば、やっていてもやっていなくても起訴されたら自白をしてしまったほうが得になってしまいます。そもそも自白をしなかった被疑者の刑罰が重くなるというのは合法なんですか。

今村――反省がないということなのでしょうね。

神保――有罪になる確率が圧倒的に高くて、しかも否認していると罪が重くなる。だとすれば、やっていなくても罪を認めて早く釈放される道を選ぶことが合理的な選択になってしまいます。今の日本の刑事司法制度の下では、やってもいないことをやったと認めることなど到底許せないという自分自身の良心の問題さえ解決できれば、検察の言うがままに自白をしてしまったほうが理に適っていることになります。

今村――もともと軽い罪、認めれば罰金とか執行猶予で済むような事件だったら、認めてしまって、軽い量刑で早く釈放される。こんな低い確率の無罪にかけるよりは、そちらのほうが確実だというのは合理的な判断かもしれませんよね。

神保――現実問題として、起訴された以上、無罪を勝ち取れる確率は限りなくゼロに近い。もちろん実際にやっていてもやっていなくても、です。それに、何かをやっていないことを証明する、いわゆる「悪魔の証明」は決して容易ではありません。

一九六一年ぐらいから集計されているデータを見ると、当初から有罪率は九九％はありましたが、それが近年では九九・八～九九・九％にまで上がっている。九九％だと、一〇〇件に一件の無罪率ですが、九九・九％だと一〇〇〇件に一件です。もともとの九九％もただ事ではありませんが、さらにそのときから有罪率は一〇倍ぐらい上がっていることになります。つまり、無罪を勝ち取れる確率は一〇〇件に一件から、一〇〇〇件に一件まで下がっている。

宮台――僕が思い出すのは、弁護士の安田さんたちが言われていたことです。一九九〇年ごろから司法修習生が模擬的な判決文を書く際に、ほぼ全員が有罪の判決を書くようになった。以前、安田さんたちが司法修習生だった時代には、一割は無罪判決を書いたと言います。しかし、無罪判決を書いても自分のキャリアアップに役に立たないと考える「正義よりも損得」と考える人間だらけになった。だから、有罪判決を書く人間ばかりになった。どうも、人材のリルクーティングシステムで広汎におかしなことが生じているのではないかと思われます。

今村さんが言われたようなシステムの中で働いていれば、無罪の人間を有罪にしているということは誰にでもわかります。無罪の人間を有罪にしても、歩留まり的に構わないと思っている検察官が、それだけ多いということでしょう。これはやっぱりおかしい。それが、僕が一番気になることとです。

神保――九九・九％の有罪率について、一つだけ言っておきたいことがあります。日本では警察に逮捕されただけでまるで犯人のように扱われますよね。その際に、逮捕されたらほぼ間違いなく有罪になるからだと言う人がいますが、それは大きな間違いです。有罪率というのは起訴された人が有罪判決を受ける確率のことで、逮捕の段階では決してそんなに高い確率で有罪になることが決まっているわけではありません。実際は逮捕されて起訴される確率は三〜四割なので、逮捕されても起訴されない可能性のほうがずっと大きい。交通違反を除いても、逮捕されて起訴される割合は五割程度です。残りは不起訴だったり起訴猶予だったり処分保留のまま釈放だったりしますが、いずれにしても逮捕段階で犯人扱いをすると、実際はその人が起訴されない確率のほうが高いので、後に過ちだったことになる可能性が高い。だから、逮捕されるとメディアが急に呼び捨てにしたりするのは、推定無罪の原則から考えてもあり得ないことですが、データ面からもそれは間違っていることになります。

宮台——いわゆる検察の「前捌き＝前裁き」問題ですね。裁判所に回す前に自分たちで決めてしまっているという。

神保——早い話が、検察は確実に有罪にできると判断した事件しか起訴しないわけです。その一方で、起訴されればほぼ確実に有罪になるということは、日本では検察が裁判所の役割まで果たしていることになります。でも考えてみてくださいよ。もしも、この被疑者が犯人だと主張する検察と、その合理性を中立的な立場から判断する裁判所が一体化していたら、恐くないですか。それが検察が公訴権を独占し、被疑者を煮て食うも焼いて食うも検察の胸先三寸になっている現在の日本の刑事司法システムがとても危ういと考えるべき最大の理由なんです。

ちなみに、例えばドイツでは検察は警察から送られてきた事件は必ず起訴しなければならないそうです。検察に裁量の余地がないわけです。裁量の余地がないから、この被疑者の犯罪事実を証言すればお前は許してやる、みたいなことはできない。また、すべての事件を起訴すれば当然有罪率は下がります。アメリカでも他のどの先進国でも有罪率はそんなに高くはありません。

今村——有罪が確実な事件に限って起訴するというのは、昔からの検察のスタンスです。そのスタンスがこの間に変わったわけではないと思います。ただ、非常に有罪率が高まっていることには、やはり裁判所の問題があるのではないか。

神保――裁判所も検察と同じ論理で考えるようになっているということですね。一方で、日本では起訴率は下がっている。逮捕されても起訴されないケースが二〇〇〇年代までは六割ぐらいあったものが、今は四割以下に減っています。逮捕者の六割強は起訴されていないということです。つまり、有罪率九九・九％というのは、逮捕者全体の四割にすぎない起訴された被疑者が有罪になる確率にすぎません。だから、高い有罪率をもってして、逮捕されたらその人が犯人だったことはほぼ間違いないという前提で被疑者を扱ったりそのニュースを報道することは間違っていますし、ましてや高い有罪率が日本の検察の優秀さの証などと考えるのは、まったくの見当違いということになります。

しかし、その一方で、公訴権を独占している検察は、一旦起訴したら何があっても必ず有罪にしなければならない宿命を負っている。その鍵となるのが、自白です。

日本の検察に捕まると、実際は犯行を行っていない被疑者でも虚偽の自白をしてしまう人が多い。それが結果的に高い有罪率につながっている可能性があります。しかし、なぜ被疑者は自分がやってもいない犯行について虚偽の自白をするのでしょうか。また、検察はなぜ虚偽の自白を強要するような取調べをするのでしょうか。

マル激では二〇一二年の一一月に元検事の市川寛さんに出演していただき、その話を伺ったことがあります。市川さんは、自分が虚偽の自白を強要するような取調べを行ったことを認め、検事の身分のまま法廷で被告人に有利になる証言を行い、自分が虚偽の自白に追い込んだ被告人の無罪判決に協力しています。市川さんの検事としての経験に基づく証言を元に、検察官が事件をでっち上げてしまう動機をまとめてみました。

検察が事件をでっちあげる理由

- 過去の成功体験と、マスコミ・世論のプレッシャー
- 特捜部内での出世欲
- 特捜案件は〝大きなヤマ〟でなければならない
- 足りない証拠を自白で補おうとする

市川さんによると、まず、検察官はロッキード事件やリクルート事件などの過去の大型疑獄事件の成功体験に引っ張られているところがあり、その成功体験ゆえに、マスコミや世論から必ず被疑者を有罪にしてくれることが期待されていると感じているそうです。

特捜検事の出世欲というのもあるそうです。自分が担当した事件で被告人が無罪になったら、その検事の経歴に大きく傷がつきます。何せ有罪率は九九・九％なんですから。無罪を勝ち取る弁護士がほとんどいないのと同様に、有罪を勝ち取れない検事も滅多にいないことになります。

日本の法律では、警察は犯罪の疑いがあればすべて逮捕する必要がある、つまり警察は事件

を選ぶことができませんが、検察の特捜部は独自捜査する事件を選べます。でもそれは逆に、自分たちが選んだ事件は絶対に大きな事件にしなければならないし、もちろん絶対に有罪を勝ち取らなければならないことを意味しています。だから捜査をしても、決定的な証拠が出てこない場合は、何が何でも自白が必要になります。実際、市川さんの場合も不十分な証拠を自白で補おうとしたわけです。これは実際の事件のでっち上げを認めた元検事さんの証言ですが、これまで今村さんが受けていた印象とは違っている点はありますか？

今村——いや、元検事の方が言われているのですから、おそらく、こうなんでしょうね。

人はなぜ、嘘の自白をするのか

神保——これに対して、被疑者の方はなぜやってもいない犯罪について虚偽の自白をするのでしょうか。

虚偽の自白をしてしまう理由

①長期勾留による精神的な圧迫
②現実感のなさ

③インボー方式（アメとムチ）
④記憶の塗り替え
⑤脅迫・甘言（認めなければ身内が逮捕される、罪が重くなる）
⑥リークによる社会的抹殺
⑦取調べの非可視化・弁護士が立ち会えない
⑧自白調書は警察や検察の作文に署名するだけ

①の長期勾留によって精神的に追い詰められて虚偽の自白をしてしまうというパターンは、冤罪事件で必ずといってもいいくらい毎回見られる要素ですが、②の現実感のなさというのは、僕にとっては意外なものでした。自分は実際には犯行を行っていないのだから、そんな自分が有罪になるはずがない。そのような事態は想像すらできない。それがやっていない被疑者の心理なんだそうです。一方、実際に犯行を行った真犯人が被疑者の場合、本人はバレたら有罪になって大変なことになるとビクビクしている、つまり真犯人にとっては、刑罰とか有罪判決というものが、常に現実的な脅威なわけですね。反対に犯行を行っていない人間はそこに現実感がないから、とりあえず取調べ段階で犯行を一旦認めても、いくらなんでも有罪にはならないだろう。ましてや死刑になどなるはずがないと思ってしまう。実際には犯罪に手を染めていないという自信があればあるほど、事態を甘く見てしまうわけですね。

実際は犯行を行っていない人が、とりあえず捜査段階で一旦は犯行を認めてしまっても、裁判の場でしっかりと否定すれば、さすがに裁判官はわかってくれるはずだという、裁判官や日本の裁判に対する根拠のない信用とか信頼があるという話はよく聞きます。しかし、取調べ段階で犯行を認める自白調書が作られてしまったら最後、いくら公判で自白を覆しても、法廷での証言よりも調書が優先される日本の裁判では、取り調べ段階での自白が最後まで尾を引き、ほぼ確実に有罪になってしまう。

三番目の「インボー方式」というのは、どういうものなんですか。

今村――アメリカのフレッド・E・インボーという捜査心理学者が編み出した方式で、自白をさせる方法として有効とされています。簡単に言えば、非情緒的な被疑者と情緒的な被疑者に分けるわけです。非情緒的な被疑者については嘘も含めてこれだけ証拠があってあなたの有罪は絶対に動かない、ということを納得させる。例えば、目撃者がいるとか、防犯カメラに映っているとか、嘘を含めて説得する。情緒的な被疑者に対しては、いや、気持ちもよくわかるよ、とか、あの女房では、仕方がないよと同調して見せたり、あるいはより悪質でない動機を示唆したりして、情緒的にからめとっていく手法を「インボー方式」と呼んでいます。

神保――人の名前ですか。私の親戚みたいですね。(笑)

記憶の塗り替えは、高野隆弁護士の「本庄保険金殺人事件」が有名です。事件の共犯者とされた被疑者が、長期の勾留と長時間の取調べによって追い詰められているうちに、本当に何が事実だったかがわからなくなってきて、結果的に虚偽の自白をしてしまう。捜査官も意図的に被疑者の記憶を上書きするような取調べを行う場合がある。もちろん取調べは可視化されていないので、その取調べ方法が後でばれる心配はない。他にも検事時代の市川さんが心を痛めた乱暴な言葉使いや高圧的な取調べだけではなく、お前が犯行を認めなければ奥さんを逮捕するぞとか、身内に迷惑がかかるぞとか、いつまでも保釈されないぞとかという脅しも、よく聞きます。その一方で、犯行を認めればすぐに釈放してやるとか、なるべく罪を軽くしてやるというようなこともよく言われるようですが、実際にはその約束が果たされないことのほうが多いといいます。

しかも、社会から注目された事件の場合、その間、検察のリークによって事件は検察のシナリオ通りに報道され、結果的に被疑者は勾留されている間に社会的に抹殺されてしまいます。全く反論ができない状態でさんざんメディアから犯人扱いされれば、頑張って否認を貫いて仮に何年後かに無罪を勝ち取っても、もはや元の社会的地位や信用を取り戻すことは不可能です。その無力感から、最後は虚偽の自白をしてしまうパターンも少なからずあるようです。

取調べ室の中で何が行われているかは、取調べが録音・録画されていなければ、後から検証することができません。さらに日本は先進国でも唯一と言ってもいい、被疑者の取調べに弁護士の立ち会いが認められていない国です。これはほとんどの外国人が一番驚くことです。

「虚偽の自白」と一言でいいますが、実際には被疑者がやってもいない犯行を自主的にペラペラとしゃべるわけではありません。自白調書というのは、被疑者の実際の供述を文字にしたものではなく、検察が作った作文に被疑者が署名したものです。要するにテンプレートなんですね。被疑者にしてみれば、検察の作った作文に署名をしているだけなので、自分が犯行を自白しているという実感が持てない場合もあるようです。それが後で大変なことになるわけですが。

今村――まあ、早口ですけどね。手に渡して見せる場合もあります。

今村さん、自白調書というのは一応最後には、読んで聞かせてはくれるんですよね。

神保――そんな状況下で自分で読むように急がされても、ちゃんと頭の中に入ってくるもんでしょうか。

今村さんは、ここまでの論点で特に気になったものはありますか。

今村――そうですね、現実感のなさについて言うと、無実の人のほうが逆に死刑になるかもしれないとか無期懲役になるかもしれないということを現実のものとして受け止められないわけです。それがあまり歯止めとして働かない、何かこう、ふわふわした感じで生々しい現実感を持ったものではないんです。

神保――やってない人ほど、刑罰に対する現実感がないと。

今村――それに比べて今、取調べを受けているという苦しみは、まさに現実にある苦痛なわけです。現実感がないから将来、死刑になるかもしれないという不安が意外と軽いものに感じられる。その両方を比べて自白に至ると説明されることが多いです。

宮台――市川さんは元検察官ですが、かなり正直なことを話されたと思いました。そのときの佇まいを思い出してみると、そこには確かに冷徹な血も涙もない検察官がいるというイメージとは違いました。

神保――確かに一般の検察のイメージとは違いましたね。だけど、実際は市川さんみたいな人にこそ、検察官になってほしいんですよね。

宮台――そう。しかし、そういう人でも追い詰められて冤罪に手を染めるような、組織の力学が厳然と存在しているということです。自分が検察官になったら絶対にそんなことはしないという矜持《きょうじ》に基づいて自己を貫徹したいと思っていても、それができるような場所ではないと感じました。

神保――市川さん自身は抵抗を感じながらも、とにかく早く自白を取れとしか言わない上司の理不尽な要求に対する怒りから、被疑者に八つ当たりしてしまったと証言されています。だから、ご高齢の組合長さんを呼び捨てにして怒鳴ったり、机を叩いたり、しまいには「殺すぞ」なんて暴言まで吐いた末、最終的には自白に追い込んでいます。もちろん虚偽の自白です。ただ、市川さんはその後良心の呵責《かしゃく》に耐えられなくなって、裁判で被告人の組合長さんが有利になる証言をして、組合長さんを無罪に導きます。自白しか決定的な証拠がない事件では、検事が自白を強要したことを認めた瞬間に、被告人が無罪になるのは当然のことでした。

今村――聞いていて思ったのは検察庁内が、すごく抑圧機構だということですかね。だからその抑圧を被疑者にぶつけてしまうというのはある意味自然なことなのではないですか。

神保――それは組織とかシステムのあり方自体に問題があるということでしょうか。

宮台――そこは、人の問題か制度の問題かで、制度の問題だと言い切るのがなかなか難しいですね。先ほど紹介した山岸俊男さんの図式を使うと、日本の組織は「損得による忖度《そんたく》」をしながら組織の中での地位を得る傾向が強い。とすれば、組織の上のほうにいる人間は、「損得による忖度」を他の人よりも上手にすることで地位を得た可能性が高くなる。アメリカのエデルマンというPR会社が調べた調査によると、経営幹部の受ける社内での尊敬が、世界で最も低いのが日本です。検察に限らず、日本の大きな組織の文化は似たようなものだと思われます。

どの国でも、組織人が自分の地位にこだわるのは当たり前です。しかし日本には、それを公共心によって――少なくとも公共性の参照によって――中和する「心のメカニズム」がないのです。社会学でいう「心の習慣」(ロバート・N・ベラー)ないし「エートス」(マックス・ウェーバー)です。「心の習慣メカニズム」とそれを支援する「制度のメカニズム」を同時に開発しないことには、検察に限らず、日本の組織自体が損得を超えて正しさにコミットすることや、公共性を欠いた組織に個人が損得を越えて抵抗することは、今後もありえないことになります。

神保――おそらく一番考えられるのは外部的な監査機能です。検察をチェックする仕組みとしては、検察審査会というものがありますが、実際に検察を審査するような機能はおおよそ果たしていません。これは検察に限ったことではありませんが、もともと行政機関を監視する文化のない国では、仮に監視するための組織だけを作っても、早晩それが骨抜きにされてしまうのがオチです。だからまずはそういう文化を創っていくことが先決になりますが、新しく文化を創るというのは、言葉で言うのは簡単ですが、実際はとても大変なことです。

今村――法廷で実際に検察官と対峙《たいじ》される今村さんは、検察官に対してはどんな印象をお持ちですか。

市川さんの本（『検事失格』）にも詳しく書いてありますが、無罪判決が出ると控訴審会議で、検察幹部が居並ぶ前で起訴検事と公判担当検事が呼ばれ、なぜ無罪になったのかを徹底的に究明させられるわけです。普段は仲間なのに、同僚の検事もきついことを言うらしい。市川さんの本では地獄の日々と表現されていました。冤罪にされた被疑者からすれば地獄でも何でもありませんが、検事の主観的には、そう感じられる。だから、無罪を争っている事件は若い検事が必死でやってきます。

神保――なんだか極左団体の「総括」みたいですね。でもそれは正義感とは関係ありませんね。

今村――関係ないでしょう。

神保――証拠が捏造されるという前代未聞のスキャンダルとなった村木さんの事件があって、江川紹子さんとか郷原信郎さんとか検察に厳しい意見を言ってきた外部の有識者も入れた「検察の在り方検討会」という有識者会議が設置され、当初、そこでは検察に対してそれなりに厳しいことも議論されたのだけど、世の中のほとぼりが冷めたあたりから、それが新しく「新時代の刑事司法制度特別部会」なる組織に衣替えされて、気がつけば利害当事者であるはずの法曹関係者が大挙して議論に参加していました。そして、あれだけの不正事件があって、検察の暴走をいかに制御するかが課題になるはずだった「検察改革」が、なぜか検察の権限をむしろ強化する結論を出す結果となってしまった。村木さんの事件のときは自らの懺悔《ざんげ》を含め、かなり大々的に報じていたマスメディアも、最終答申が出る頃にはあまり厳しいことは書かなくなっていました。

宮台――司法制度改革に限らず、福島の原発事故の後に総合資源エネルギー調査会基本問題委員会の三村明夫会長の場合も、末代まで語り継がれるべき恥ずかしい議事進行でしたよね。民主党政権下で動画があるので、永久保存しなければなりません。

神保――悲惨な原発事故を受けて、これから原発に代わるエネルギー源をどうするかを議論するはずだった会議が、途中から原発の比率をどうするかを議論する場になっていて、ある時突然「中間とりまとめ」なる原案が事務局から出てきて、「原発のシェアは二〇％を維持」という数字になっていた。

宮台――中間とりまとめで、そんな話を誰もしてないぜっていうストーリーが平気で書かれます。

神保――中間とりまとめが出る頃には、世の中も原発問題への関心をかなり失っていた。その空気を読んで、頃合いを見て中間とりまとめなるものを出しているのでしょうが、実際は裏でメディアや原発推進派の委員には万全な根回しをするなど、かなり謀略的なものでしたね。

宮台――青臭い言い方かもしれませんが、「良心はうずかないのか」「恥ずかしくないのか」と思いますよね。中間とりまとめをする役人も、議事進行する三村明夫も、含めてのことですが。

神保――あれをやりきった役所の担当者は、論功行賞で出世してますよ。

宮台――そういうことが平気で行われているというのは、甚だしく異常です。その異常なことが、そこここに見られる。ある場所だけがおかしいということは日本にはありません。一箇所で目にしたことであれば、本当にいろんな所で目にすることになる。そのことに大きな問題を感じませんか。「人が見てるでしょ」という日本的なしつけがあります。「人が見ているから悪いことをしないのだったら、人が見ていなかったら悪いことをしていいのか」という外国人たちの違和感が繰り返し紹介されてきましたよね。でも、今やそのレベルですらない。見ているのに平気で恥ずかしいことをやっているわけです。これを僕は一九九四年に「仲間以外はみな風景」と表現しました。

神保――ただ、原発の調査会も会議の模様は一応、インターネットで公開されていたわけですよ。先ほど今村さんは「知らないから許されている」と言われましたが、実際は公開されているのに誰も見ないのだとしたら、それは結局市民社会がそれでもいいと考えているということにはなりませんか。

今村――どうでしょうか。まず、法制審議会の特別部会の話をしますと、おっしゃられたように、メンバーを選ぶ段階で検察寄りになるように巧みに選ばれている、人選の問題があります。あと、議論は一応する。その中でいい議論もされます。例えば、元裁判官の方から「再審の事件に限っては証拠をすべて開示しろ」「賛成」という声も出るんです。それが次の事務局のまとめでは削られている。それを作っているのは法務省なんです。だから何て言うか、舞台設定だけは作るけれど、全部法務省の手のひらで踊らされている形になっています。

神保――きちんとした議事録が作成され、それが公開されていなければ、何が話し合われたかは外部の人間にはわかりませんね。

今村――先ほど検察が司法を支配しているという話がありましたが、そういう意味では、立法をも支配している。三権のうち二権を支配している。やはり、ちょっと、いかがなものかと思います。

神保――検察の暴走も問題だったけど、さらにここにきて、これまで何年もかけて権力を首相官邸に集中させてしまったことで、検察や法務省の首脳人事を、内閣人事局を通じてことごとく首相官邸が手中に収めてしまった。もともと公訴権を独占している検察には権力が集中し過ぎていて危険だったところに、政治がそれを手足のように利用できるような条件が揃ってしまった。こうなると、例えば疑獄事件のような政権絡みの事件は、おそらくもう出てこないかもしれない。

宮台――加えて、最初に今村さんがおっしゃった問題があります。多くの方はそういうことがあることを知らない。なぜ知らないでいられるかというと、あまりにもひどいことが起こっているとは思いたくないからです。山岸俊男さん的に言えば、自分だけは安心して過ごしたいという自己中心性からくる認知的整合化です。その意味ではゴーン氏にとっては不幸だけれども、国際的に知られたので政府もマスコミも触れざるを得なくなったという意味で、こんな言い方をしたくありませんが、良いことが起こったと言える可能性があるわけです。つまり日本では、ひどいことが起こることが、良いことなのです。

加速度的に進む劣化

宮台――こういう考え方は加速主義と言われます。アメリカでニック・ランドという思想家が唱えているものです。思考のルーツは戦間期の欧州マルクス主義です。欧州マルクス主義は、マルクス理論的には最も危機が集積しているはずの資本主義先進国で、にもかかわらず革命が起こらないのはなぜなのかを分析する中から出てきた、今にも通じる普遍的な分析です。僕のもう一人の師匠・廣松渉は、もともとブントの東大委員長でした。ブント理念の創始者はローザ・ルクセンブルクとカール・リープクネヒトのスパルタクス団《ブント》です。彼らももともと加速主義でした。修正主義のように資本主義の諸問題に部分的に抗えば、資本主義が延命してしまうので、資本主義を加速して矛盾を逸早《いち》く頂点にまで高めて都市革命を行う。資本主義の矛盾は、労働者が集積する都市でこそ高まるので、農村革命ならぬ都市革命なのです。

欧州マルクス主義といえばルカーチですが、彼は革命が起こらない理由を、特殊利害と共同利害の矛盾に見出します。特殊利害から見れば、利益や権益は特権階級に独占されている。でも革命が起これば、社会全体がどうなるかが不確実かつ未規定になる。だから共同利害から見れば、特権階級だけでなく自分たち労働者もどうなっちまうかわからない、今はひどい状況だとはいえ辛うじて食えているのが食えなくなるかもしれない、というわけです。これを突破する唯一の道がオルグだとします。オルグを通じて倫理的な怒りを増幅させ、かつ、革命後の確実な未来構想を信じさせるのですね。

他方、もう一人の泰斗グラムシは、ルカーチと似た枠組みを、文化概念を用いて示します。マルクス理論の枠組みでは「経済→政治&文化」という規定関係です。「上部・下部構造論」（上部構造＝政治・文化、下部構造＝経済）と言います。しかし、現実は「文化→政治→経済」という規定関係になっている。だから、大衆芸能や芸術表現を含めた文化的ヘゲモニー闘争を通じて人々の危機意識と怒りを徹底的に加速させ、革命がもたらす未来の確実性を信頼させる。そうしなければ「革命なんか起こったら、自分たちだってどうなるかわからない」という、特権階級に限らず普通の人々も抱く「エスタブリッシュメントの（体制の）文化」を突破できないというわけです。

総じて、「世の中が良いほうにガラリと変わるのは、いいことだ。でも、良いほうに変わるかどうか。特権階級が経営する自分の会社がなくなったら、自分はどうなるのか」という未規定性への不安に注目しています。そうした不安があると、やはり社会全体の正義を考える立場にコミットしにくい。よく言われる「総論賛成、各論反対」にも関連します。それが社会改良の大きな妨げになるというのです。だから、経済的矛盾を加速させ、政治的矛盾を加速させ、並行して文化的ヘゲモニー戦——グラムシが言う「陣地戦」——を加速させる戦略が必要だという発想が出てくるわけです。

神保——その考え方でいくと、もっとひどい犠牲者をたくさん出さなくては日本は変われないということになりますね。でも、はっきり言って平成の三〇年って、冤罪事件の三〇年だったじゃないですか。これだけ多くの冤罪事件を起こしていて、しかも表沙汰になったものは恐らく全体のほんの一部ですよ。それでも足りないとすれば、いったいどこまで加速すればいいのでしょうか。

宮台——ルクセンブルグやグラムシに言わせれば、マスメディアが鍵を握ります。「恐ろしいのは犯罪者ではなく、犯罪をせざるを得ない人々を放置する脱法的な特権階級こそが恐ろしい」と人々に毎日のように伝える。そうすれば人々は改革の動機付けを持つだろうと。僕自身がずっと公言してきたように、人々の社会解釈において「ひどいことが起こっている」という認識が加速されるべきだと思っています。だから、これまた公言してきた通り、トランプ大統領誕生を待望してきたし、第二次安倍内閣の存続を願ってきました。

神保——その場合、最初に加速度的に退場しなければいけない人たちが、マスメディア自身だという問題がありますよね。

宮台――加速度的な劣化がマスコミから生じているというアポリア（出口ふさがり）ですね。

「他者負罪型」司法取引の罠

神保――ゴーン氏の事件で今回もう一つ出てきたのが、司法取引の問題です。司法取引が制度として取り入れられたことは、日本の司法の歴史の中では大きなできごとだったと思います。ゴーン事件はやや特殊なケースかもしれませんが、この事件では歴史上二度目となる司法取引が正式に行われ、日産がゴーンさんの首を差し出す代わりに他の二人の日産の社員は免罪されています。法人としての日産は、一応被告になっていますが、日産側は個人としてはゴーンさんとその側近だった元副社長のグレッグ・ケリーさん以外は誰も訴追されていません。

司法取引には、自分の罪を認める代わりに罰を軽くしてもらう自己負罪型と、他人の罪を証言することで自分の罪が軽くなる捜査協力型という二つの類型があります。今回日本では捜査協力型の司法取引が導入されたわけですが、他人の犯罪について証言すれば自分の罪が軽くなるのであれば、嘘でもいいから検察に言われるがままに証言をする人が出ることは当然考えられます。あるいは最初から誰かを陥れるために、司法取引が使われる恐れもあります。今村さんはこの司法取引についてどうお考えですか？

今村――捜査協力型の中にも二つあると思うんです。一つは共犯型。もう一つは全く関係のないいわば他人型です。司法取引という制度がなくても、従来から共犯の証言というのは非常に危険だと言われてきました。他人を巻き込んでみたりとか、他人の役割を大きく、自分の役割を小さく供述するわけです。それが、司法取引という形で自分の罪が軽くなるわけですから、これはかなり危険なのではないか。

もう一つの他人型に関して言うと、全く自分の罪と関係のない他の人の罪を明らかにして、なぜ、その人の罪が軽くなるのかという根本的な疑問があります。これは、アメリカの例ですが、拘禁施設で一緒の房に入れられた人が、別の人が自分の犯行を自白するのを聞いたと捜査官に告げ、嘘の証言をして他人を罪に陥れて、自分の罪を軽くするということが数多く起こった。有罪確定後にＤＮＡテストで無罪になった二五〇人の中で四九例、つまり二〇％近くそういう事例があったと言われています。

神保――かなりの確率で嘘があったということですね。

今村――日本のように拘禁が長い、つまり、一緒にいる期間が長くなるとそういう機会が増えます。だから、アメリカ以上に危ないのではないかというふうに心配しています。

神保――しかも、そのやり取りも録音・録画という形で記録されていないわけです。ちょっと無茶苦茶な話になってきていますね。でもその危険性を報じるメディアは少なくとも新聞テレビではほぼ皆無の状態です。

宮台――一方、今はインターネットがありますから、ほんの少しでも問題意識を持っている人は、マスメディアが報じなくてもこうした事件を知る機会を獲得しつつあると思います。今村さんがおっしゃったように、こういう捜査公判協力型＝他者負罪型の司法取引が、自己負罪型と違って、冤罪リスクを増すことはあきらかです。検察官がそんなことがわからないはずがない。百も承知で有罪率を上げるためにこの制度を導入しているわけです。つまり、検察という組織内部にいてイニシアチヴを取る者が、正義の貫徹に関心を持っていないということです。

それを思うに、やはり日本人は性善説の方向に素朴すぎるのではないか。実際に裁判をいろいろ傍聴してみるといいと思います。検察官も判事も立派な人だと思ったら、とてもそうは見えないという事実に、きっとショックを受けるでしょう。でも、そこまでしなくても、自分の過去を思い出してほしいんです。進学校に上がって東大に入るような同級生に、組織に反しても正義を貫徹するような志を持つ者がどれだけいたか。三〇年前からはほとんどいないはずです。

神保――今村さん、司法制度の問題というのは、一般市民にとってはちょっと遠い話のように感じるところがあるようです。要するに他人事なんですね。でも、実際にはいつ自分が当事者になってもおかしくない問題です。自分は痴漢なんて絶対にしないし、ツイッターで政権批判をつぶやいたりもしないから、どれだけ司法に問題があろうが、自分に累が及ぶことはないだろうと思っている人は多いようですが、必ずしもそうとは言えません。そもそも自分は痴漢なんて絶対にしないからこそ、痴漢冤罪の被害者になる恐れがあるわけです。実際に痴漢をやっている人が捕まってもそれは冤罪ではないし、そもそもそういう人は捕まらないように日頃から色々と用心しているものです。

運悪く、自分が今日ここで議論しているような問題の当事者になってしまった場合、今村さんとしてはまず何を勧めますか。

今村――ある意味で繰り返しになりますけれど、話が通じない、理不尽な場所だということを知ってください、あなたはちょっと異常な世界に入ってしまいました、ということをまずアドバイスします。

神保――それは、苦し紛れにいろいろなことを言わないほうがいいということですか？

今村――黙秘していても質問は続くわけです。場合によっては耳元で怒鳴られたり、お前みたいな人でなしは何とかかんとか……みたいなことを言われるわけです。ですから黙秘というのはあまり現実的ではない。

神保――普通の人の神経では、そうした揺さぶりには耐えられないということですね。

今村――だから、最後に自白調書を作られても署名だけはするなということです。そこが最後の歯止めです。

神保――司法権力は国家権力の最たるものです。司法権は軍隊と並ぶ権力の象徴でもあります。合法的に人を殺せるのは、まあ死刑という制度が残っている国についてという前提はありますが、戦争で敵国の兵隊を殺せる軍隊と、人を死刑にかけられる司法権力だけです。その、司法権力の象徴ともいうべき検察が、本当の意味での正義を考えていないとすれば、それは大問題ではありませんか。しかもそれが、実際は自分や上司の出世のためだったり、組織防衛のためだったなんて、ちょっと残念すぎます。

日本の前時代的な司法制度は国際的にも大きな問題になっています。国連の人権条約に基づいて組織されている拷問禁止委員会というところで、二〇一三年の五月二二日、日本の人質司法が中世を彷彿《ほうふつ》とさせる前近代的な制度だということが問題になりました。この委員会ではこの日に限らず、日本の人質司法はたびたび問題になっていますし、日本は何度もこの委員会から勧告を受けていますが、この日はこの会議で日本の刑事司法制度が「中世」のようだと批判を受けたことに対し、日本の人権人道担当大使として出席していた外務省の上田秀明氏が、日本を擁護しようとしたところ、場内から失笑を買う事態となりました。以下がそのときの上田大使の発言です。

「もちろん日本は中世ではありません。われわれは、この分野では世界でももっとも進んだ国の一つです。（会場から失笑）笑うな。なぜ笑うんだ。黙れ！　黙れ！　われわれは、この分野では世界でももっとも進んだ国の一つです。それを誇りに思います。まだ足らないところもありますが、どこの国にも足らないところはあります。われわれはそれを改善……するために最善の努力をしています。紳士淑女の皆様、日本代表団に代わりここに御礼を申し上げます」

神保――この映像はこの番組でも何度となく取り上げてきましたが、ＹｏｕＴｕｂｅを通じて全世界的に何十万回もアクセスされています。

宮台――国辱ですよね。日本がいかに恥ずかしい国なのかということを世界の人々に知らしめた。加速主義的には、これも良いことです。

神保――このときの模様はＹｏｕＴｕｂｅにもあがっているので、動画で見てもらうとよくわかると思うんですが、上田さんが出てきて「日本の人権状況は素晴らしい」と言い出したら、場内で笑いが起きました。上田さんはその笑いに対して、Shut up!（黙れ！）と繰り返し言ってしまった。シャラップというのは通常は「黙れ」なんて訳されますが、ただの「黙れ」はBe quiet くらいの感じなので、シャラップとなるともう少し強い意味になります。ニュアンスまで含めて訳すと、「うるせーぞ、馬鹿野郎」ぐらいの感じでしょうか。これは英語ではプロファニティ（口汚い罵り、みだらな言葉）に近いもので、揉め事があってどちらかがその言葉を吐けば、あとはもう殴り合いの喧嘩をするしかないというような、かなりやばい台詞です。その台詞を、あろうことか、日本の人権人道担当大使なる地位にある人物が国連の場で吐いてしまった。その瞬間に、日本の人権意識の実態が世界中に知られてしまったと言っても過言ではないでしょう。

一応その後の展開を報告しておくと、上田大使はその後、二〇一三年に人権人道担当大使を辞任していますが、その辞任はあくまでこのときの発言の責任をとったわけではない、ということになっています。少なくとも外務省は、辞任はあの発言のせいではない、と説明しています。また当の上田氏は、二〇一九年には瑞宝重光章《ずいほうじゅうこう》という勲章まで受けています。

今村さん、僕は日本のメディアについてよく、「日本のメディアはなぜこんなに遅れているのでしょうか」という質問を受けるのですが、同じことを今村さんに聞きたいと思います。日本の司法はなぜこんなに遅れているのでしょうか。

今村――何て言うか、本当に隠された後進性みたいになってしまっていると思います。意外と誰も気がついていない。中世と言われて思い浮かぶのは、江戸のお白州ですか。与力と言われる人たちが罪人を取り調べて、今でいう自白調書を作ります。それに署名させるんですね。お白州でそれを奉行が読み上げる。「相違ないか」「相違ありません」。それで、罪人の運命が決まっていた。それをまだ引きずっているような感じですよね。

神保――似てますね。検察と裁判所が一体化しているという意味でも、現在の日本の問題と似てます。

今村――一体化しているし、調書主義だし……なぜと言われてもね、本当に私が聞きたい。

神保――確かに検察のやり方はひどいと思いますが、同時に今の制度の下では、そのような取調べをやっても、裁判で裁判官がそれを認めてくれるのであれば、検察はそれをやらない理由がありません。検察としては、裁判で認められるのであれば、認められる限界までやることこそが合理的な行動なわけで、それを限界までやらないのは、むしろ職務怠慢の誹《そし》りを免れないという考え方もできると思います。長期勾留や長期勾留中の高圧的な取調べも自白の強要も、裁判所がそれを認めてくれるからこそ、検察はやっているわけですよね。勾留令状を出すのも裁判所ですし、二三日目に供述した自白の任意性を認めてくれるのも裁判所です。また、取調べ段階で自白した被告人が公判でその自白は強要されたものだとして否認に転じたとき、取調べ段階での自白のほうがより信用に値するとして、法廷での否認を無視するのも裁判所です。だとすると、実は裁判所に一番大きな責任があるようにも思えるのですが。

宮台――「長期勾留の上での自白であり、長期勾留は国連で拷問であると認定されているので、拷問による自白には信用性がない」と、一言言ってしまえばいいだけの話ですね。

神保――一度でも裁判所がそういう判決を出せば、少なくとも検察は長期勾留はやめますよね。自分にとって不利になるわけだから。裁判所の責任について今村さんはどうお考えですか。

今村――身体拘束を決めるのも、令状発付する裁判官です。長期勾留というのは検察官がやっているわけではなくて、検察の請求をそのまま容認している裁判所が長期勾留をしているわけです。その上で自白しても、それをそのまま認める。判決も検察官の言う通りに判決をする。有罪率が九九・九％というのは、検察と裁判所の認識の一致する割合が九九・九％だということに他なりません。検察と一体化しているわけです。それが問題だろうと思う。人事的な交流もあります。それから、意外と知られていないのが、裁判所に対応した検察官のシフト、この裁判官にはこの検察官を当てるとか、そうした個別の対応をしているわけです。

神保——実は裁判官と検察官は、顔なじみのお仲間なんですね。一回や二回裁判を傍聴しただけではわかりませんが、実は同じ裁判官と同じ検察官はいつも同じ法廷で裁判に臨んでいるけれど、弁護士だけは毎回違う人がやって来る。だから法廷というのは、実は弁護士だけが部外者で、他はみんなお仲間なんですね。裁判官もお仲間に不都合な判決はなかなか書けないですよね。

今村——仲間なんですよね。

宮台——ただし、それは日本だけではないんですよね。ニコラス・ルーマンの本を読んだとき、法実務家コネクションはどこの国でも多かれ少なかれ存在しているということを知って、何というか暗然とした気持ちになりました。問題はいつも同じで「歯止め」にあります。でも「歯止め」になる仕組みを作るのも、また人間です。だから、本当の問題はいつも教育になります。でも、教育を行うのも、また人間です。ただ教育だけは、まだかろうじて僕たちの手元にあります。繰り返しになりますが、裁判官が正義もしくは正義感に基づいて判断を下しているというふうに考えないでほしい。そのように教育しないでほしい。これは一種の知恵として言いますが、皆さんが検察官や裁判官に権威を認めているから臆病になっています。権威とは「その人がいうから正しい」と思うという体験です。この体験に反省的になれば、一度徹底的に馬鹿にしてみることもできます。

今村——残念ながら、いくら馬鹿にしても権力を持っていますから。最後は何でもやるんですね。

神保――どこかに、状況を変えるための取っかかりはありませんか？

今村――やはり制度を変えていくこと。

神保――制度を変えるためには法律を変える必要があります。そうすると鍵を握るのは立法府ですね。以前海外の司法制度を取材したときに、ドイツでは検察はすべての事件を起訴しなければならないことになっていることを初めて知りました。そうなると検察官に裁量がなくなるので、権力も小さくなる。それだけでも強い抑止力になります。

宮台――でも、そのためには、裁判所の数も判事の数も、何倍にも増やさなければなりません。全体を変えることが必要です。全体を変えるためには人々の総意と言える問題意識が必要です。そうした問題意識を作るのは教育の機能です。マスメディアにも教育の機能があります。

神保――弁護士の立ち会いもそうですよね。弁護士の数が足りないのがその理由だとよく言われますが、弁護士の立ち会いは日本では実現不可能なんですか？　日本では警察や検察の取調べに弁護士の立ち会いが認められていないことを僕が外国人に話すと、誰もが一様に驚きます。検察官という司法試験にも合格している法律の専門家に対して、法律の素人の被疑者が一人で立ち向かわなければならないなんて、本来は絶対にあってはならないことです。自分が何気なく発したある言葉が法律的にどのような意味を持っていて、後に裁判でどのような扱いを受けるかなんて、素人にはわかりっこありません。でも、法律の専門家であり裁判のプロでもある検察官は、最初からある狙いを持って、特定の発言を引き出そうとしていたりする。どう考えても、法律の専門家である弁護士が隣についていてくれないと、まともな勝負になり得なくないですか。

今村――今の制度ではどうしようもありません。

神保――弁護士の数が足りないとか、物理的に難しい理由があったりするんですか？

今村――そんなことはないと思います。もしかしたら、長期勾留で取調べが長いですから、それにずっと立ち会っていなければならないというのは結構大変かもしれません。しかし、それが障害になって急いで変えられないということはありません。

神保――刑事事件についた公選弁護士の報酬はどうなっているんですか？

今村――どうですかね。どうしても払えない場合は、結果として持ち出しになってしまうかもしれませんね。

神保――公選・国選の弁護士の費用は、国から出るわけでしょう？

今村――立ち会いが制度化されれば、そういうことになるでしょう。

神保――今も公選弁護人の報酬は日当ですか？

今村――そういうことですね。

神保――では、取調べの立ち会いについても、そういう制度を導入すればいいだけのことではないですか。今、法科大学を作りすぎたために弁護士が余っているという話も聞きますから、立ち会いは十分に可能なはずですよね。

宮台――支払いがないと生活ができないから、自分の儲かるところばかりに行くことになってしまっています。だから、刑事弁護人の志望者がどんどん減っているというのが現状なんです。

神保――経済的な理由で刑事弁護などには手を出さずに、企業の顧問弁護士などを優先的にやっている弁護士が大勢いることも知っています。

宮台――報酬を潤沢にして、弁護士が正義感と良心に基づいて仕事を選べるようにしなくてはなりません。

神保――国会に、人質司法についての超党派の議連みたいなものはないんですか？

今村――まだ、ありません。

宮台――まずはそれが最低限必要になりますね。

今村――そうですね。

神保――すでに今村さんらの呼びかけに応じた弁護士の数は一〇一〇人います。次は、超党派の議連ができて、法案を作る順番ですね。

この番組ではかなり長い間、司法の問題を掘り下げてきましたが、未だにデュー・プロセス・オブ・ローがおかしいという理由で検察の捜査のあり方や公判の進め方を批判すると、「お前らは犯人の味方をするのか」と言って食ってかかってくる人が後を絶ちません。そして最終的には被告が有罪になる確率が九九・九％もあるわけですから、ほとんどの場合、被告人が有罪になる。でもって、いざ被告人が有罪になると、「お前らは被告人の肩を持ってきたが、やっぱり有罪だったではないか。この落とし前はどうつけるんだ」とか「謝罪しろ」なんてことまで言われたりする。

もちろんマル激の視聴者がそんなことを言うはずはありませんが、和歌山カレー事件でも、美濃加茂市長事件でも、ＰＣ遠隔操作事件でも、ツイッター上などでは結構、同じことを言われました。「検察批判」→「お前らは犯人の味方をするのか」→「被害者の気持ちも考えろ」→「有罪判決」→「責任を取れ」「謝罪しろ」のパターンです。

まず、そもそも被疑者や被告人が無罪であることを前提とした報道が批判されることがそもそもあり得ないことは最低限理解して欲しいと思います。推定無罪なのですから。

その上で、僕自身は犯人が誰かはどうでもいいとまでは言いませんが、誰が本当の犯人なのかの判断は捜査機関そして最終的には裁判に任せるしかないので、われわれの仕事は、兎にも角にも捜査機関や司法機関によって適正な手続きが取られ、人権がしっかりと守られているかを確認することだと考えています。適正な手続きを通じて犯行が立証できない限り、どんなに怪しく見える被疑者でも無罪放免されなければならない、という前提に立ってわれわれは取材し報道しなければならないのですから、そろそろそこはわかってほしいなあって思ったりもします。適正手続きができていなくても有罪立証が認められ、当たり前のように有罪判決が言い渡されている現在の日本の司法制度のほうが異常なんだと言いたいのですが、なかなかこの話は浸透しませんね。たまにイラつくときもあります。

宮台――そんなの気にしない。相手は所詮、民度の低い「岡っ引き」ですから。大人になる前に「心の習慣」が形づくられているかどうかが決定的なんですよ。

ビデオニュース・ドットコムについて

「ビデオニュース・ドットコム」はビデオジャーナリストの神保哲生が一九九九年一月一日に起ち上げた日本初のニュース専門インターネット放送局です。民間放送局のように広告を取らず、会員が支払う毎月の会費（月額五五〇円）のみによって運営されているため、広告主の意向に左右されることなく真に公共性の高いテーマを扱えることが最大の特徴です。毎週一回配信されるニュース討論番組「マル激トーク・オン・ディマンド」のほか、「ニュース・コメンタリー」「インタビューズ」「プレスクラブ」「スペシャルリポート」などを常時配信しています。

神保哲生（じんぼう・てつお）

ジャーナリスト。1961年東京生まれ。コロンビア大学ジャーナリズム大学院修士課程修了。AP通信など米国報道機関の記者を経て1999年、日本初のニュース専門インターネット放送局「ビデオニュース・ドットコム」を設立。著書に『ビデオジャーナリズム』（明石書店）、『PC遠隔操作事件』（光文社）、訳書に『DOPESICK』（ベス・メイシー著、光文社）、『食の終焉』（ポール・ロバーツ著、ダイヤモンド社）、『暴君誕生』（マット・タイービ著、ダイヤモンド社）などがある。

宮台真司（みやだい・しんじ）

東京都立大学教授、社会学者。1959年仙台市生まれ。東京大学大学院社会学研究科博士課程修了。社会学博士。著書に『社会という荒野を生きる。』（ベスト新書）、『私たちはどこから来て、どこへ行くのか』（幻冬舎文庫）、『14歳からの社会学』（ちくま文庫）、『日本の難点』（幻冬舎新書）などがある。

初出一覧

第一章　マル激トーク・オン・ディマンド 第979回（2020年1月11日）
第二章　マル激トーク・オン・ディマンド 第605回（2012年11月17日）
第三章　マル激トーク・オン・ディマンド 第628回（2013年4月27日）
第四章　マル激トーク・オン・ディマンド 第684回（2014年5月24日）
第五章　マル激トーク・オン・ディマンド 第742回（2015年6月27日）
第六章　マル激トーク・オン・ディマンド 第941回（2019年4月20日）

すべての章において、番組の内容を編集部で再構成し、出演者に加筆修正いただきました。
図版、注釈等も編集部によるものです。

マル激《げき》トーク・オン・ディマンドvol.12
暴走《ぼうそう》する検察《けんさつ》　歪《ゆが》んだ正義《せいぎ》と日本《にほん》の劣化《れっか》

2020年7月30日　初版1刷発行

著者　神保哲生《じんぼうてつお》　宮台真司《みやだいしんじ》
郷原信郎《ごうはらのぶお》　市川寛《いちかわひろし》　安田好弘《やすだよしひろ》
周防正行《すおまさゆき》　足立昌勝《あだちまさかつ》　今村核《いまむらかく》
発行者　田邉浩司
発行所　株式会社 光文社
〒112-8011　東京都文京区音羽1-16-6
電話　編集部 03-5395-8172　書籍販売部 03-5395-8116　業務部 03-5395-8125
メール　non@kobunsha.com
落丁本・乱丁本は業務部へご連絡くだされば、お取り替えいたします。
組版　近代美術
印刷所　近代美術
製本所　榎本製本

ISBN 978-4-334-95187-0 Printed in Japan